Day1 問題カード

右の二次元コードを
スマートフォンで読み取って面接の
シミュレーションをしてみましょう。

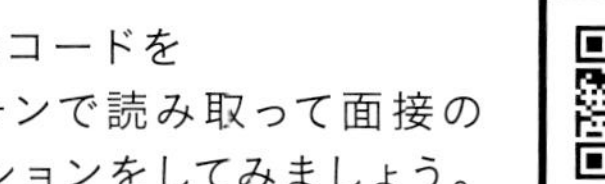

English as the Official In-House Language

To fight the economic effects of the declining population, major Japanese companies are setting up new branches abroad. In those branches, there are policies that make English the official in-house language. Today, many companies have introduced such policies in domestic branches, and by doing so, Japanese companies can get their employees ready to work internationally.

Your story should begin with this sentence: One day, Ken was talking to his boss.

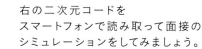

Day2 問題カード

右の二次元コードを
スマートフォンで読み取って面接の
シミュレーションをしてみましょう。

Smart Toilets

When you remodel your bathroom, smart toilets are worth considering. They have several unique features, and one of them is that they can sense how much water is needed and flush automatically. Many businesses and home owners are installing these toilets, and by doing so, they can save a lot of water. These types of toilets are expected to become more popular.

Your story should begin with this sentence: **One day, Mr. and Mrs. Yamada were watching news about electricity.**

We have to reduce our use of electricity.
The next day
A few days later

Day3 問題カード

右の二次元コードを
スマートフォンで読み取って面接の
シミュレーションをしてみましょう。

Shopping Bags

Nowadays, people are encouraged to bring reusable shopping bags instead of using the store's plastic ones when going shopping. However, many people feel it is troublesome. Now, some shops have come up with other solutions, such as services that give customers who bring reusable bags some points. Some shops have started such services, and in this way, they try to reduce the use of plastic bags.

Your story should begin with this sentence: **One day, Mr. and Mrs. Saito were shopping in a supermarket.**

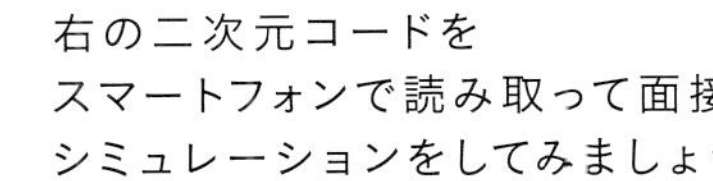

Day4 問題カード

右の二次元コードを
スマートフォンで読み取って面接の
シミュレーションをしてみましょう。

Store Apps

There are many stores which give point cards to customers. However, some customers complain that they have too many cards to organize. Now, many companies are offering their own smartphone apps which can be used as mobile point cards. Many smartphone owners download such apps, so they don't need to carry many cards all the time.

Your story should begin with this sentence: One day, Mr. and Mrs. Sato were checking a supermarket's website.

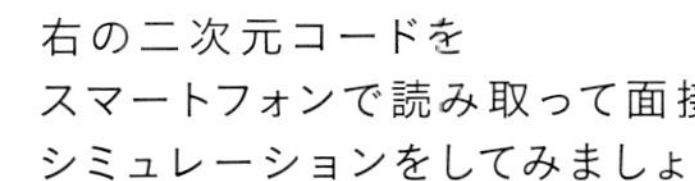

Day5 問題カード

右の二次元コードを
スマートフォンで読み取って面接の
シミュレーションをしてみましょう。

Mobile Phones for the Elderly

It can be difficult for elderly people to use current technology such as mobile phones because they have too many features. Nowadays, some groups provide free information sessions for them. Elderly people can learn many of the functions of mobile phones in such sessions, so they can easily do what they want to do. These sessions are available in community centers and in schools.

Your story should begin with this sentence: One day, Keita was talking with his grandmother, Keiko.

Let's go buy a mobile phone for you.
That weekend at a store
That night at home

Day6 問題カード

右の二次元コードを
スマートフォンで読み取って面接の
シミュレーションをしてみましょう。

Using Games to Learn Foreign Languages

Nowadays, people like to play online games. Some companies have created games which allow people to learn foreign languages, and some schools have started introducing them in the classroom. Students can play such games with their friends, and in this way, they can experience the pleasure of language learning. These games encourage students to study more.

Your story should begin with this sentence: One day, Mr. and Mrs. Kato were watching TV at home.

Day7 問題カード

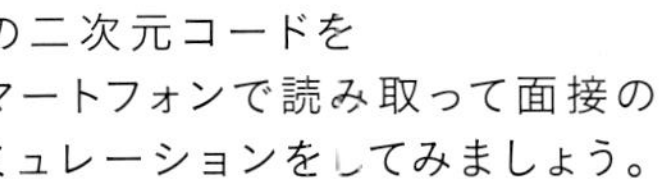

Online Shopping

Nowadays, many stores have started offering online shopping services to customers who are too busy to come to the shop when it's open. Using these services, customers can shop anytime. People can compare such websites managed by different stores, and in this way, they can find the cheapest option for the same product.

Your story should begin with this sentence: **One day, Mr. and Mrs. Sasaki were looking at shoes in a store.**

7日間完成！

英検® 2級

二次試験・面接対策

予想問題集

Gakken

もくじ

本書の使い方

本書のDay 1～Day 7の構成と利用方法は以下の通りです。
以下の1～3の順序でのご利用をおすすめします。

1 『問題カード』を使って、面接のシミュレーションをしてみよう

巻頭についている『問題カード』を使用して、面接のシミュレーションをしましょう。各カードの右上に置かれている二次元コードをスマートフォンで読み取ると、面接官があなたに話しかけてくる動画を視聴することができます。

面接官が動画から話しかけてくる!

YOUR TURNと出たらあなたが解答する番!

動画では、あなたの解答のタイミングがやってくると、「YOUR TURN」(あなたの番です。)という文字と制限時間が画面上に表示されます。試験本番だと思って、制限時間内での解答を目指してみましょう。

2 本冊で、面接の流れを振り返ろう

本冊に収録されているDay 1～Day 7には、それぞれの試験内容の解答例や解説が書かれています。

まずは、それぞれの面接試験の流れを振り返りましょう。

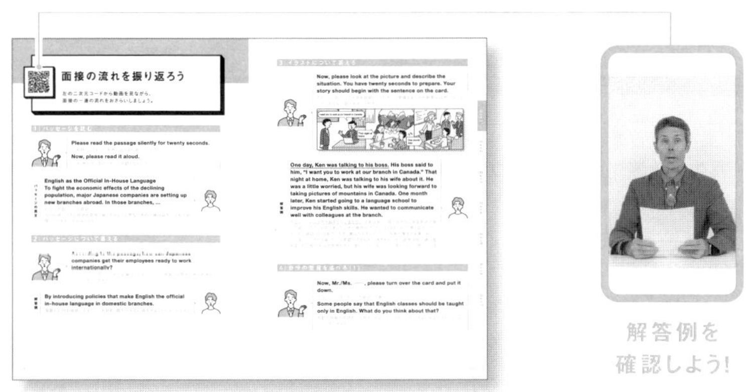

このページでは、左上の二次元コードをスマートフォンで読み取ると、
1 で見た動画に沿って、解答例を確認することができます。

3 それぞれの問題を理解しよう

面接の流れを振り返った後は、面接官から聞かれた質問について、
一問ずつ理解を深めましょう。

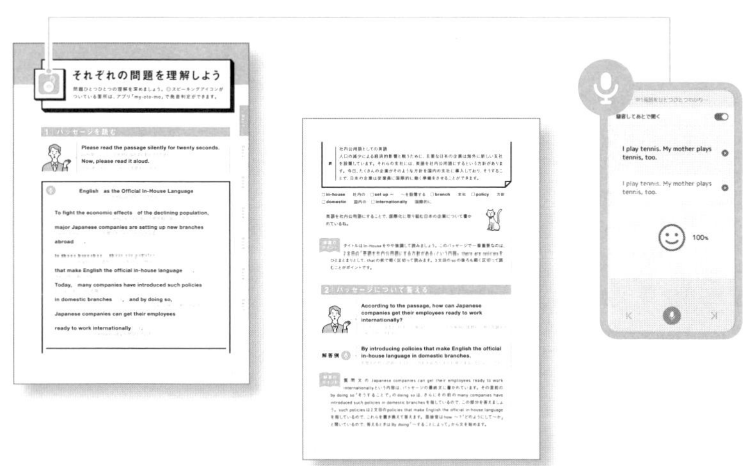

スピーキングアイコンがついている英文のみ、アプリ『my-oto-mo（マイオトモ）』から発音判定を受けることができます。
詳細はp. 006をご確認ください。

音声・発音判定について

本書の音声再生・発音判定は、アプリ『my-oto-mo（マイオトモ）』から行うことができます。

https://gakken-ep.jp/extra/myotomo/
右の二次元コードをスマートフォンで読み取って、ダウンロードしてください。

1 「本をさがす」から本書の音声をダウンロードしましょう。

2 書籍のダウンロードが完了すると、音声を聞くことができます。

3 スピーキングアイコンがついている英文は、発音の判定をすることができます。

4 さらに、ID登録を行うことで、自分の声を録音して聞き直すことができます。

【パソコン用】MP3音声について

パソコンから下記のURLにアクセスすると、MP3形式の音声ファイルをダウンロードすることができます。

https://gakken-ep.jp/extra/myotomo/

［注意事項］
- お客様のネット環境および携帯端末により、アプリのご利用ができない場合、当社は責任を負いかねます。ご理解・ご了承いただきますよう、お願いいたします。
- アプリ「my-oto-mo」のダウンロード自体は無料ですが、通信料はお客様のご負担になります。

Day 0

二次試験を知ろう

- 二次試験の内容
- 二次試験の流れ
- 英検 S-CBTについて

二次試験の内容

2級の試験時間

約7分

2級の問題

2級の試験では、以下のような「問題カード」を面接官から渡されます。

Passage（パッセージ）
55～65語程度の英文が書かれています。英文は文化、言語、テクノロジーなど、社会性のあるテーマのものです。

Day1 問題カード

English as the Official In-House Language

To fight the economic effects of the declining population, major Japanese companies are setting up new branches abroad. In those branches, there are policies that make English the official in-house language. Today, many companies have introduced such policies in domestic branches, and by doing so, Japanese companies can get their employees ready to work internationally.

Your story should begin with this sentence: **One day, Ken was talking to his boss.**

Picture（絵・イラスト）
2級では上のPassage（パッセージ）に関連する3コマのイラストが描かれています。人物や背景、吹き出しのセリフなどに注目しましょう。

1 問題カードのパッセージの音読

「問題カード」に書かれたパッセージ(英文)を音読します。

2 パッセージについての質問

「問題カード」に書かれたパッセージ(英文)の内容について、1問質問されます。

3 イラストについての質問

「問題カード」に描かれている3コマのイラストの展開を説明します。

4 受験者の意見を問う質問(1)

ある事象・意見についての受験者(あなた)の意見を問う問題が、1問出題されます。

5 受験者の意見を問う質問(2)

日常生活の一般的な事柄についての受験者(あなた)の意見を問う問題が、1問出題されます。

2級(スピーキング)の合格点

得点率71%

460点／650点(満点)

※英検では、国際標準規格CEFRに対応した「英検CSEスコア」で英語力を客観的に評価しています。
※技能(リーディング・リスニング・ライティング・スピーキング)ごとに問題数は異なりますが、問題数に関係なく、各技能にスコアを均等に配分しています。
したがって、技能ごとに1問あたりのスコアへの影響は異なります。
ただし、同じ技能の問題であれば、どの問題で正解してもスコアへの影響は同じです。
※スコアは各回の全答案採点後、統計的手法(Item Response Theory★)を用いてスコアを算出しているため、受験者の皆さまがご自身の正答数でスコアを算出することはできません。
★Item Response Theoryとはテストにおける受験者の応答パターンを用いて、形式や難易度が異なるテストの結果を比較するための理論です。

英検CSEスコアの詳細はこちら
https://www.eiken.or.jp/eiken/result/eiken-cse_admission.html

二次試験の流れ

1 | 入室

順番がやってきたらノックをして教室に入ります。入室したら、まず面接官に対して

Hello.（こんにちは。）や

Good morning.（おはようございます。）

と笑顔で挨拶をしましょう。その後、

Can I have your card, please?

（あなたのカードをいただけますか。）

と面接官から指示されるので、

Here you are.（どうぞ。）

と言いながら「面接カード」を手渡します。

面接官に

Please have a seat.

（お座りください。）

と指示されたら、

Thank you.（ありがとうございます。）

と応じて、着席しましょう。

2 | 名前と受験級の確認

着席した後、面接官に

May I have your name?

（お名前は何ですか。）

と名前を尋ねられるので、

My name is ～.（私の名前は～です。）

で答えましょう。また、そのときに

This is the Grade 2 test. Okay?

（これは2級のテストです。大丈夫ですか。）

と受験級の確認もされます。

名前と受験級の確認が終わると、

How are you?（調子はどうですか。）

などの質問（簡単な挨拶）をされる場合もあるので、落ち着いて

I'm good.（私は元気です。）

などと応じましょう。

3 | パッセージの黙読

面接官から、「問題カード」を1枚渡されるので、

Thank you.（ありがとうございます。）

と言って受け取りましょう。

Please read the passage silently for twenty seconds.

（20秒間、パッセージを声に出さずに読んでください。）

と指示されたら、「問題カード」のパッセージを20秒間で黙読します。

4 | パッセージの音読

20秒後、

Now, please read it aloud.

（では、声に出してパッセージを読んでください。）

と指示されたら、「問題カード」のパッセージを音読します。速く読む必要はないので、自分の読みやすいペースで落ち着いて音読しましょう。

また、タイトルを読むのを忘れないようにしましょう。

音読のポイントまとめ

- □ 意味のまとまりごとに読むように意識をし、途中で不自然な間を作らないようにする。
- □ パッセージのキーワードとなりそうな重要な単語はやや強めに読む。
- □ 単語ごとのアクセントに注意をし、できるだけ正確な発音を心がける。
- □ 途中で発音がわからない単語が出てきても、止まったり、無言になったりしない。（スペルから発音を推測して読み進める。）

5 | 質問に答える

音読が終わると、パッセージとイラストについて質問されます。

1 | パッセージについての質問

「問題カード」に書かれたパッセージ(英文)の内容について、1問質問されます。

解答のポイントまとめ

- ☐ According to the passage, ～(パッセージによると～)という前置きに続く、how ～やwhy ～で始まる疑問文の内容をしっかり聞き取る。
- ☐ パッセージの中で、疑問文の内容について書かれている部分を探す。howなら「方法」、whyなら「理由」についての記述に注目する。
- ☐ パッセージの該当箇所を加工して解答をつくる。so、such、this、thatなどの指示表現や代名詞がある場合は、それらの表現が指す具体的な内容に言い換えるのを忘れずに。

2 | イラストについての質問

「問題カード」に描かれている3コマのイラストの展開を説明します。

解答のポイントまとめ

- ☐ イラストの説明はカードに書かれた英文から始める。
- ☐ コマとコマをつなぐ矢印の中に書かれた時間や場面変換の表現を説明に盛り込む。
- ☐ イラスト中に吹き出しがある場合は、その内容を説明に盛り込む。

3 | 受験者の意見を問う質問(1)

ある事象・意見についての受験者(あなた)の意見を問う問題が、1問出題されます。問題カードを用いた問題ではないですが、多くの場合、カードのテーマと少し関連した話題が問われます。

解答のポイントまとめ

- □ ここからは問題カードに関係のない質問なので、面接官の方を見て答えるようにする。
- □ 与えられたテーマについての賛成か反対かのあなたの立場を、I agree./ I disagree. などの表現を用いて最初に述べる。
- □ 立場を述べた後、なぜその立場をとったのかについて、理由や具体例を示す。

4 | 受験者の意見を問う質問(2)

日常生活の一般的な事柄についての受験者(あなた)の意見を問う問題が、1問出題されます。多くの場合、問題カードとは直接関係のない、社会問題などのテーマが問われます。

解答のポイントまとめ

- □ Today[These days], ... Do you think ～?(今日では[最近では]…です。あなたは～と思いますか)のようにテーマの設定と質問がされるので、まず Yes. か No. で自分の意見を明確にする。
- □ Yes./No. で答えた後に、Why?/Why not? と追加の質問がされるので、自分の意見についての理由や具体例を示す。

6 | 問題カードの返却

質問が終わると、面接官から

May I have the card back, please?
(カードを返していただけますか。)

と「問題カード」を返すように指示されます。

Here you are.(どうぞ。)

などと言って「問題カード」を返却しましょう。
退室を指示されたら、

Thank you very much.(ありがとうございました。)

などとお礼を述べ、

Goodbye.(さようなら。)

と別れの挨拶をしてから退室しましょう。

英検S-CBTについて

英検S-CBTとは?

英検(従来型)は一次試験、二次試験と2日間の試験ですが、英検S-CBTでは、スピーキング、リスニング、リーディング、ライティングを1日で測ることができます。英検(従来型)との併願も可能で、原則毎週実施されている試験です。

(*級や地域により毎週実施でない場合があります。)

※英検S-CBTは、英検(従来型)と同様の級・スコアとして扱われます。

実施方法

【スピーキング】

ヘッドセットを装着し解答を録音する吹込み式です。

【リーディング・リスニング】

PC(コンピューター)画面上でマウス操作することで解答します。

【ライティング】

申込手続の際に以下の2つの解答方式から選択することができます。

筆記型:PC画面の問題を読み、手書きで解答用紙に記入します。

タイピング型:PC画面の問題を読み、キーボードで入力します。

実施級

準1級、2級、準2級、3級　※1級、4級、5級を受験希望の方は、英検(従来型)でご受験ください。

受験対象者

各級とも年齢・職業・学歴などは問いません。

ただし、PCの基本的な操作(マウスクリック等)ができることが必要です。

※11歳未満の年少者が受験する場合は、保護者が英検S-CBT受験規約および英検ウェブサイト上の受験上の案内や注意事項を確認のうえ、受験が可能かどうかを判断してお申し込みください。

英検S-CBTの詳細・お申し込みはこちらから
https://www.eiken.or.jp/s-cbt/

Day 1

English as the Official In-House Language
（社内公用語としての英語）

Day1 問題カード

English as the Official In-House Language

To fight the economic effects of the declining population, major Japanese companies are setting up new branches abroad. In those branches, there are policies that make English the official in-house language. Today, many companies have introduced such policies in domestic branches, and by doing so, Japanese companies can get their employees ready to work internationally.

Your story should begin with this sentence: One day, Ken was talking to his boss.

面接の流れを振り返ろう

左の二次元コードから動画を見ながら、
面接の一連の流れをおさらいしましょう。

1 | パッセージを読む

Please read the passage silently for twenty seconds.
20秒間、パッセージを声に出さずに読んでください。
Now, please read it aloud.
では、声に出してパッセージを読んでください。

パッセージの英文

English as the Official In-House Language
To fight the economic effects of the declining population, major Japanese companies are setting up new branches abroad. In those branches, ...
社内公用語としての英語
人口の減少による経済的影響と戦うために、主要な日本の企業は海外に支社を設置しています。それらの支社には…

2 | パッセージについて答える

According to the passage, how can Japanese companies get their employees ready to work internationally?
パッセージによると、日本の企業はどのようにして従業員に国際的に働く準備をさせることができますか。

解答例

By introducing policies that make English the official in-house language in domestic branches.
英語を社内公用語にするという方針を、国内の支社に導入することによってです。

3 | イラストについて答える

Now, please look at the picture and describe the situation. You have twenty seconds to prepare. Your story should begin with the sentence on the card.

それでは、絵を見て状況を説明してください。準備するための時間は20秒です。カードにある文で話を始めてください。

解答例

One day, Ken was talking to his boss. His boss said to him, "I want you to work at our branch in Canada." That night at home, Ken was talking to his wife about it. He was a little worried, but his wife was looking forward to taking pictures of mountains in Canada. One month later, Ken started going to a language school to improve his English skills. He wanted to communicate well with colleagues at the branch.

ある日、ケンは上司と話をしていました。上司は彼に「君にカナダにある支店で働いて欲しいんだ」と言いました。その晩自宅で、ケンはそれについて妻と話をしていました。彼は少し心配でしたが、妻はカナダにある山の写真を撮るのを楽しみにしていました。1カ月後、ケンは英語のスキルを上達させるために語学学校に通い始めました。彼は支店の同僚たちとうまくコミュニケーションをとりたいと思っていました。

4 | 自分の意見を述べる（1）

Now, Mr./Ms. ——, please turn over the card and put it down.

では、——さん、カードを裏返して置いてください。

Some people say that English classes should be taught only in English. What do you think about that?

英語の授業は英語だけで教えられるべきだと言う人もいます。あなたはそれについてどう思いますか。

解答例

I agree. Using lots of English helps people improve their English skills. It's more difficult, but more effective.

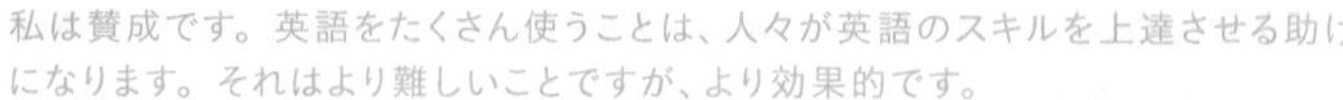

私は賛成です。英語をたくさん使うことは、人々が英語のスキルを上達させる助けになります。それはより難しいことですが、より効果的です。

5 自分の意見を述べる(2)

These days, more and more restaurants in Japan employ people from abroad. Do you think it is a good trend?

このごろ、日本ではますます多くのレストランが外国人を雇っています。あなたはこれが良い傾向だと思いますか。

解答例

Yes. はい。

Why?

なぜですか。

Due to the decreasing birth rate and aging population, Japan has a declining number of workers. Hiring foreign workers could be a solution for this problem.

出生率の低下と人口の高齢化のため、日本の労働者の数は減っています。外国人労働者を雇用することは、この問題の解決策となりえます。

解答例

No. いいえ。

Why not?

なぜですか。

It takes time for foreign workers to get used to the serving style of Japanese restaurants. Also, it takes time for them to learn good enough Japanese language skills to serve customers.

外国人労働者が日本のレストランの給仕スタイルに慣れるのには時間がかかります。また、彼らが接客するのに十分な日本語を学ぶのにも時間がかかります。

それぞれの問題を理解しよう

問題ひとつひとつの理解を深めましょう。スピーキングアイコンがついている箇所は、アプリ「my-oto-mo」で発音判定ができます。

1 パッセージを読む

Please read the passage silently for twenty seconds.
20秒間、パッセージを声に出さずに読んでください。
Now, please read it aloud.
では、声に出してパッセージを読んでください。

English / as the Official In-House Language
in-houseはinにアクセント

To fight the economic effects / of the declining population,
effectsのfの音は下唇を軽く噛んで発音

major Japanese companies are setting up new branches /
majorはmaにアクセントが置かれ「メイジャー」となる

abroad (↘).

In those branches, / there are policies /
branchesの語尾は「チーズ」と少し伸ばす

that make English the official in-house language (↘).
thatの前で軽く区切る

Today, / many companies have introduced such policies /
Todayの後は一呼吸置く

in domestic branches (↘), / and by doing so, /
soの後ろで軽く区切る

Japanese companies can get their employees /

ready to work internationally (↘).
internationallyを強調して読む

訳

社内公用語としての英語

人口の減少による経済的影響と戦うために、主要な日本の企業は海外に新しい支社を設置しています。それらの支社には、英語を社内公用語にするという方針があります。今日、たくさんの企業がそのような方針を国内の支社に導入しており、そうすることで、日本の企業は従業員に国際的に働く準備をさせることができます。

□**in-house** 社内の □**set up ～** ～を設置する □**branch** 支社 □**policy** 方針
□**domestic** 国内の □**internationally** 国際的に

英語を社内公用語にすることで、国際化に取り組む日本の企業について書かれているね。

音読のポイント

タイトルはIn-Houseをやや強調して読みましょう。このパッセージで一番重要なのは、2文目の「英語を社内公用語にする方針がある」という内容。there are policiesをひとまとまりとして、thatの前で軽く区切って読みます。3文目のsoの後ろも軽く区切って読むことがポイントです。

2 パッセージについて答える

According to the passage, how can Japanese companies get their employees ready to work internationally?

パッセージによると、日本の企業はどのようにして従業員に国際的に働く準備をさせることができますか。

解答例

By introducing policies that make English the official in-house language in domestic branches.

英語を社内公用語にするという方針を国内の支社に導入することによってです。

解答のポイント

質問文のJapanese companies can get their employees ready to work internationallyという内容は、パッセージの最終文に書かれています。その直前のby doing so「そうすることで」のdoing soは、さらにその前のmany companies have introduced such policies in domestic branchesを指しているので、この部分を答えましょう。such policiesは2文目のpolicies that make English the official in-house languageを指しているので、これらを置き換えて答えます。面接官はhow ～?「どのようにして～か」と聞いているので、答えるときはBy *doing*「～することによって」から文を始めます。

3 イラストについて答える

I want you to work at our branch in Canada.

That night at home

One month later

3つのコマそれぞれで場所が変わっているね。矢印で示されている時間の経過や、吹き出し内に描かれている登場人物の考えも確認するようにしよう。

Now, please look at the picture and describe the situation. You have twenty seconds to prepare. Your story should begin with the sentence on the card.

それでは、絵を見て状況を説明してください。準備するための時間は20秒です。カードにある文で話を始めてください。

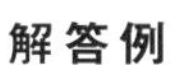

One day, Ken was talking to his boss. His boss said to him, "I want you to work at our branch in Canada." That night at home, Ken was talking to his wife about it. He was a little worried, but his wife was looking forward to taking pictures of mountains in Canada. One month later, Ken started going to a language school to improve his English skills. He wanted to communicate well with colleagues at the branch.

ある日、ケンは上司と話をしていました。上司は彼に「君にカナダにある支店で働いて欲しいんだ」と言いました。その晩自宅で、ケンはそれについて妻と話をしていました。彼は少し心配でしたが、妻はカナダにある山の写真を撮るのを楽しみにしていました。1カ月後、ケンは英語のスキルを上達させるために語学学校に通い始めました。彼は支店の同僚たちとうまくコミュニケーションをとりたいと思っていました。

□**boss** 上司 □**branch** 支店 □**wife** 妻
□**look forward to *doing*** ～することを楽しみにする
□**take a picture of ～** ～の写真を撮る □**improve** ～を上達させる
□**communicate with ～** ～とコミュニケーションをとる □**colleague** 同僚

まず、問題カードに記載されているナレーションの1文目に目を通し、登場人物と状況を素早く読み取ります。カードに書かれている1文目One day, ～から、登場人物はケンとその上司で、2人が話をしていることが分かります。過去形の文で描写していきましょう。

1コマ目

1コマ目は、問題カードに記載されている1文目に続けて、ケンの上司のセリフを使って2文目を作りましょう。上司のセリフをそのまま引用する直接話法を使うのが簡単です。His boss said to him, "吹き出し内のセリフ." の形にします。

2コマ目

2コマ目はまず、カードにあるThat night at homeに続けて、ケンが妻と話をしている様子を描写しましょう。次に、吹き出しに注目。妻が思い描いていることを、take pictures of mountains「山の写真を撮る」という表現を使って説明します。
解答例では、ケンが妻に話をしていると述べた後、He was a little worried「彼は少し心配でした」と、彼の表情から読み取れる感情も描写しています。心配そうなケンと、写真を撮ることを楽しみにしている妻との対照的な様子を、逆接の接続詞but「～だが、しかし」を使って対比して述べています。

3コマ目

3コマ目は、カードにあるOne month laterに続けて、ケンの行動と考えていることを描写しましょう。ケンが外国人の教師からレッスンを受けている場面です。
解答例では、ケンが英語を上達させるために語学学校に通い始めたと説明しています。improve English skillsで「英語のスキルを上達させる」という意味です。また、吹き出しの中に描かれているケンの考えは、want to *do*「～したい」で表現できます。2コマ目と同じくlook forward to *doing*「～することを楽しみにする」という表現を使ってもよいでしょう。

4 自分の意見を述べる（1）

Now, Mr./Ms. ——, please turn over the card and put it down.

では、——さん、カードを裏返して置いてください。

Some people say that English classes should be taught only in English. What do you think about that?

英語の授業は英語だけで教えられるべきだと言う人もいます。あなたはそれについてどう思いますか。

賛成の場合

解答例

I agree. Using lots of English helps people improve their English skills. It's more difficult, but more effective.

私は賛成です。英語をたくさん使うことは、人々が英語のスキルを上達させる助けになります。それはより難しいことですが、より効果的です。

反対の場合

解答例 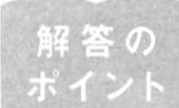

I disagree. Students can't understand the explanation well in English. Also, such classes are inefficient.

私は反対です。生徒たちは英語での説明をうまく理解できません。また、そのような授業は非効率的です。

□**help *A do*** ― Aが～するのを助ける □**effective** ― 効果的な □**explanation** ― 説明
□**inefficient** ― 非効率的な

解答のポイント

面接官は、「英語の授業は英語だけで教えられるべき」という意見についてどう思うかを尋ねています。「教えられるべき」という意見に対してどう思うかを聞かれているので、最初にI agree.「私は賛成です」やI disagree.「私は反対です」と自分の立場を明確にしてから、その理由を続けます。

賛成意見の解答例では、「たくさん使うことで英語を上達させることができる」という内容を、help *A do*「Aが～するのを助ける」という表現を使って説明しています。また、続く文では、*A*, but *B*「（たしかに）AだけどB」という表現を使うことで、more effective「より効果的だ」という意見を強調している部分もポイントです。

反対意見の解答例では、「生徒が英語の説明をうまく理解できない」という点をまず述べています。その後、Also「また」を使い、理由を補足しています。inefficient「非効率的な」は、対義語のefficient「効率的な」とセットで覚えておきましょう。

5 | 自分の意見を述べる(2)

These days, more and more restaurants in Japan employ people from abroad. Do you think it is a good trend?

このごろ、日本ではますます多くのレストランが外国人を雇っています。あなたはこれが良い傾向だと思いますか。

Yes.(はい)の場合

Why? なぜですか。

解答例

Due to the decreasing birth rate and aging population, Japan has a declining number of workers. Hiring foreign workers could be a solution for this problem.

出生率の低下と人口の高齢化のため、日本の労働者の数は減っています。外国人労働者を雇用することは、この問題の解決策となりえます。

□**due to 〜** 〜のために □**birth rate** 出生率 □**aging population** 人口の高齢化
□**declining** 減少しつつある

解答のポイント

「外国人を雇う日本のレストランが増えているのは良い傾向だと思うか」という質問に対し、「良い傾向だ」と主張する場合はYes.と答えます。最初に自分の立場を明確にすることがポイントです。面接官からWhy?「なぜですか」と理由を尋ねられたら、decreasing birth rate「出生率の低下」とaging population「人口の高齢化」が日本の労働者数の減少につながっているという問題点を指摘し、外国人労働者の雇用がこの問題の解決策になると意見を述べましょう。due to 〜「〜のために」はbecause of 〜やowing to 〜と同じく、原因・理由を表す表現です。

No.(いいえ)の場合

Why not? なぜですか。

解答例 

It takes time for foreign workers to get used to the serving style of Japanese restaurants. Also, it takes time for them to learn good enough Japanese language skills to serve customers.

外国人労働者が日本のレストランの給仕スタイルに慣れるのには時間がかかります。また、彼らが接客するのに十分な日本語を学ぶのにも時間がかかります。

□ **get used to ～**　～に慣れる

解答のポイント

「良い傾向ではない」と主張する場合は、まずNo.と答えます。これに対し、Why not?「なぜですか」と尋ねられたら、理由を2点ほど挙げて答えるようにしましょう。解答例では、1つ目の理由として「外国人が日本の給仕スタイルに慣れるのには時間がかかる」と述べてから、Also「また」を使って「接客するのに十分な日本語を学ぶのにも時間がかかる」と、2つ目の理由を述べています。get used to ～「～に慣れる」は、過去の習慣や状態を表すused to ～「よく～したものだ、かつては～だった」と混同しないように注意しましょう。AlsoはIn addition「さらに」と置き換えることもできます。どちらも補足情報を追加したいときに使える表現です。

面接試験で注意すべきこと

1｜聞き取れなかったらすぐに聞き返す

面接官の発話や質問が聞き取れなかった場合は、間を開けずにすぐに聞き返すことが大切です。「今、何と言ったのだろう…」などと考え込んでしばらく黙ってしまうと、あなたが英語を理解できずに黙ってしまったと見なされ、採点基準の1つである「アティチュード」の得点が低くなってしまいます。
少しでも分からない部分があったらすぐに聞き返すようにしましょう。聞き返す際は次のような表現が使えます。

- I beg your pardon?
  「何とおっしゃいましたか」
- Could you say that again, please?
  「もう一度言っていただけますか」
- Would you mind repeating that question?
  「質問を繰り返していただけますか」
- Excuse me? I didn't catch what you said.
  「すみません、あなたのおっしゃったことが聞き取れませんでした」

ただし、あまりにも頻繁に聞き返していると「英語を聞き取れていない」と判断される可能性があるので、注意しましょう。

2｜難しい英語は言い換える

表現したいことにピッタリな英語がすぐに思いつかない場合は、簡単な英語に言い換えましょう。2級だからといって、難しい単語や表現を使って答えなければならないということはありません。柔軟に機転を利かせて、自分の語彙力の範囲内で表現することが何よりも大切です。
例えば、take a taxi（タクシーに乗る）がすぐに思いつかなかった場合、

- take a taxi → use a taxi / get a taxi

のように、useやgetといった単語で簡単に言い換えることができます。

もし、言い換えるための表現を探すのに少し時間がかかりそうであれば、

- Well ... 「ええと…」
- Let me see ... 「ええと…」
- What can I say ... 「何と言えばよいか…」

などのフレーズを使って間を埋めましょう。できるだけ、単語や表現を考えている間に沈黙してしまうことがないように気を付けましょう。

Day 2

Smart Toilets
（スマートトイレ）

Day2 問題カード

Smart Toilets

When you remodel your bathroom, smart toilets are worth considering. They have several unique features, and one of them is that they can sense how much water is needed and flush automatically. Many businesses and home owners are installing these toilets, and by doing so, they can save a lot of water. These types of toilets are expected to become more popular.

Your story should begin with this sentence: **One day, Mr. and Mrs. Yamada were watching news about electricity.**

We have to reduce our use of electricity.
The next day
A few days later

面接の流れを振り返ろう

左の二次元コードから動画を見ながら、
面接の一連の流れをおさらいしましょう。

1 | パッセージを読む

Please read the passage silently for twenty seconds.
20秒間、パッセージを声に出さずに読んでください。
Now, please read it aloud.
では、声に出してパッセージを読んでください。

パッセージの英文

Smart Toilets
When you remodel your bathroom, smart toilets are worth considering. They have ...
スマートトイレ
お手洗いを改装するとき、スマートトイレは検討する価値があります。それらには…

2 | パッセージについて答える

According to the passage, how can many businesses and home owners save a lot of water?
パッセージによると、多くの企業や家の所有者はどのようにして大量の水を節約することができますか。

解答例

By installing toilets that can sense how much water is needed and flush automatically.
どれくらいの水が必要かを感知して自動的に洗い流すことができるトイレを設置することによってです。

3 イラストについて答える

Now, please look at the picture and describe the situation. You have twenty seconds to prepare. Your story should begin with the sentence on the card.

それでは、絵を見て状況を説明してください。準備するための時間は20秒です。カードにある文で話を始めてください。

We have to reduce our use of electricity.
The next day
A few days later

解答例

One day, Mr. and Mrs. Yamada were watching news about electricity. Mr. Yamada said to his wife, "We have to reduce our use of electricity." The next day, they stopped using their heater. They felt cold while eating dinner. A few days later, Mr. Yamada caught a cold. Mrs. Yamada thought he should go see a doctor.

ある日、ヤマダ夫妻は電力に関するニュースを見ていました。ヤマダさんは妻に「電気の使用量を減らさないといけない」と言いました。次の日、彼らはヒーターを使うのをやめました。夕食を食べている間、彼らは寒いと感じました。数日後、ヤマダさんは風邪をひきました。ヤマダさんの妻は、彼は医者に診てもらいに行くべきだと思いました。

4 自分の意見を述べる(1)

Now, Mr./Ms. ——, please turn over the card and put it down.

では、——さん、カードを裏返して置いてください。

Some people say that we should use public transportation more. What do you think about that?

公共交通機関をもっと使うべきだと言う人もいます。あなたはそれについてどう思いますか。

解答例

I agree. Public transportation is better for the environment. Also, it helps reduce traffic.

私は賛成です。公共交通機関は環境にとってより良いです。また、交通量を減らすのにも役立ちます。

5 | 自分の意見を述べる(2)

Today, many people use the Internet to communicate. Do you think the Internet has a good influence on us?

今日では、多くの人々がコミュニケーションをとるのにインターネットを使っています。あなたはインターネットが私たちに良い影響を与えていると思いますか。

解答例

Yes. はい。

Why?
なぜですか。

The Internet helps us in many ways. For example, I can communicate with my parents who live far away for free.

インターネットは多くの点で私たちを助けています。例えば、私は遠く離れて暮らしている両親と無料で話すことができます。

解答例

No. いいえ。

Why not?
なぜですか。

There are too many violent images on the Internet. Also, it often gives people false information.

インターネット上にはあまりにも多くの暴力的な画像があります。また、インターネットはしばしば人々に偽の情報を与えます。

それぞれの問題を理解しよう

問題ひとつひとつの理解を深めましょう。スピーキングアイコンがついている箇所は、アプリ「my-oto-mo」で発音判定ができます。

1 | パッセージを読む

Please read the passage silently for twenty seconds.
20秒間、パッセージを声に出さずに読んでください。
Now, please read it aloud.
では、声に出してパッセージを読んでください。

Smart Toilets
Smartのtは弱く

When you remodel your bathroom, /
When youはつなげて読む

smart toilets are worth considering (↘).
worthのthは舌を噛んで発音

They have several unique features, / **and one of them is that** /
one of themはひとまとまりとしてつなげて読む

they can sense how much water is needed /

and flush automatically (↘).
andの前で軽く区切る

Many businesses and home owners are installing these toilets, /
ownerのoは「オゥ」に近い音

and by doing so (↗), / **they can save a lot of water** (↘).
soは上がり調子で読み、少し間を置く

These types of toilets are expected to become more popular (↘).
more popularをやや強めに読む

訳

スマートトイレ
お手洗いを改装するとき、スマートトイレは検討する価値があります。それらにはいくつかの優れた機能が付いており、その1つが、どれくらいの水が必要かを感知して自動的に洗い流せることです。多くの企業や家の所有者がこれらのトイレを設置しており、そうすることで、彼らは大量の水を節約することができます。これらの種類のトイレはより人気になると予想されています。

□**remodel** ～を改装する　□**worth *doing*** ～する価値がある　□**feature** 機能
□**sense** ～を感知する　□**flush** 洗い流す　□**automatically** 自動的に
□**install** ～を設置する　□**save** ～を節約する

スマートトイレは節水につながるから、今後ますます人気が高まると予想されているみたいだね。

音読のポイント

タイトルSmart ToiletsのSmartは、最後のtを弱く読みます。これに続く1文目が、このパッセージで一番伝えたいことです。伝えたい意味として重要なworth consideringを強調して読みましょう。3文目のby doing soは、soの語尾を上げて読むことがコツです。

2 | パッセージについて答える

According to the passage, how can many businesses and home owners save a lot of water?

パッセージによると、多くの企業や家の所有者はどのようにして大量の水を節約することができますか。

解答例

By installing toilets that can sense how much water is needed and flush automatically.

どれくらいの水が必要かを感知して自動的に洗い流すことができるトイレを設置することによってです。

解答のポイント

質問の内容は3文目の後半に書かれています。直前のby doing so「そうすることで」は、3文目の前半のMany businesses and home owners are installing these toiletsという内容を指しているので、この部分が答えになります。these toiletsの特徴については2文目にthey can sense how much water is needed and flush automaticallyとあるので、これらを置き換えて答えます。how ～?「どのようにして～か」という質問に対しては、By *doing*「～することによってです」という形で答えることを覚えておきましょう。

3 | イラストについて答える

We have to reduce our use of electricity.
The next day
A few days later

夫婦と思われる2人の様子が3つのコマに描かれているね。何が原因でどうなったのか、時系列に沿って確認しよう。

Now, please look at the picture and describe the situation. You have twenty seconds to prepare. Your story should begin with the sentence on the card.

それでは、絵を見て状況を説明してください。準備するための時間は20秒です。カードにある文で話を始めてください。

解答例 

One day, Mr. and Mrs. Yamada were watching news about electricity. Mr. Yamada said to his wife, "We have to reduce our use of electricity." The next day, they stopped using their heater. They felt cold while eating dinner. A few days later, Mr. Yamada caught a cold. Mrs. Yamada thought he should go see a doctor.

ある日、ヤマダ夫妻は電力に関するニュースを見ていました。ヤマダさんは妻に「電気の使用量を減らさないといけない」と言いました。次の日、彼らはヒーターを使うのをやめました。夕食を食べている間、彼らは寒いと感じました。数日後、ヤマダさんは風邪をひきました。ヤマダさんの妻は、彼は医者に診てもらいに行くべきだと思いました。

☐**electricity** 電力　☐**wife** 妻　☐**reduce** ～を減らす　☐**heater** ヒーター
☐**catch a cold** 風邪をひく　☐**see a doctor** 医者に診てもらう

解答の
ポイント

問題カードに記載されているナレーションの1文目から、登場人物は夫妻で、2人は電力に関するニュースを見ていることが分かります。ニュースを見て2人がどのような行動をとり、それがどのような結果をもたらしたのかを過去形の文で描写していきます。

1コマ目

We have to reduce our use of electricity.
The next

1コマ目は、問題カードに記載されている1文目に続けて、ヤマダさんのセリフを使って2文目を作りましょう。ヤマダさんのセリフをそのまま引用する直接話法を使うのが簡単です。Mr. Yamada said to his wife, "吹き出し内のセリフ." の形にします。

2コマ目

day
A fev

2コマ目はまず、カードにあるThe next dayに続けて、吹き出し内に描かれている、ヤマダさん夫妻がエアコンの使用をやめたことについて述べます。次に、寒そうにしながら食事をしている夫妻の様子を描写しましょう。stop *doing*で「〜することをやめる」という意味になります。whileは「〜する間」という意味の接続詞で、進行形と一緒に使うことが多いです。解答例では、while they were eating dinnerのthey wereが省略されています。

3コマ目

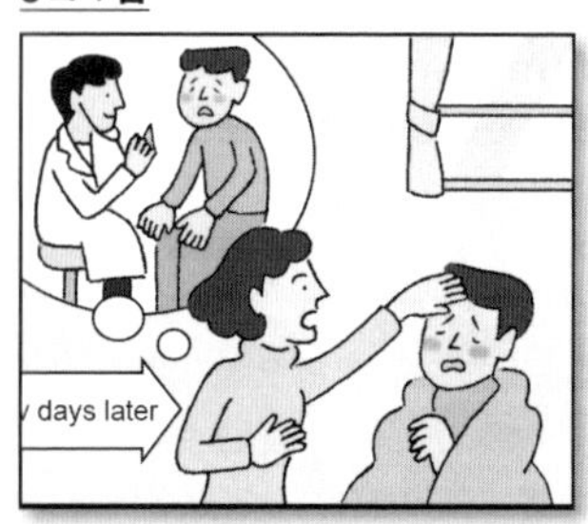
days later

3コマ目は、カードにあるA few days laterに続けて、ヤマダさんの状態とヤマダさんの妻が考えていることを描写しましょう。

「風邪をひく」はcatch a coldで表現できます。have a high fever「高熱がある」、not feel good「具合が悪い」と説明してもよいでしょう。一方、吹き出しに描かれているヤマダさんの妻が考えていることは、動詞thinkの過去形を使ってMrs. Yamada thought (that) 〜「ヤマダさんの妻は〜と思いました」と表現します。「医者に診てもらいに行く」はgo see a doctorと言います。

4 | 自分の意見を述べる(1)

Now, Mr./Ms. ——, please turn over the card and put it down.

では、—— さん、カードを裏返して置いてください。

Some people say that we should use public transportation more. What do you think about that?

公共交通機関をもっと使うべきだと言う人もいます。あなたはそれについてどう思いますか。

賛成の場合

I agree. Public transportation is better for the environment. Also, it helps reduce traffic.

私は賛成です。公共交通機関は環境にとってより良いです。また、交通量を減らすのにも役立ちます。

反対の場合

I disagree. Buses are often delayed, and trains are usually crowded. Also, they're not as cheap as they seem.

私は反対です。バスはしばしば遅れ、電車はたいてい込み合っています。また、それらはそれほど安くありません。

□ **public transportation** — 公共交通機関　□ **traffic** — 交通量　□ **delayed** — 遅れた
□ **crowded** — 込み合った　□ **cheap** — 安い

解答のポイント

面接官は、「公共交通機関をもっと使うべきだ」という意見に対して、あなた自身がどう思うかを尋ねています。最初にI agree.「私は賛成です」、あるいはI disagree.「私は反対です」と自分の意見を明確にしてから、その理由を続けましょう。
賛成意見の解答例では、環境へのやさしさと交通量の削減の2点を理由に挙げています。「交通量を減らす」という意味はreduce trafficで表すことができます。理由を2つ述べるときは、このようにAlso「また」という表現を使います。
反対意見の解答例では、遅延や混雑、料金を、公共交通機関のデメリットとして挙げています。not as 〜 as ...は「…ほど〜ではない」という比較の表現です。

5 自分の意見を述べる(2)

Today, many people use the Internet to communicate. Do you think the Internet has a good influence on us?
今日では、多くの人々がコミュニケーションをとるのにインターネットを使っています。あなたはインターネットが私たちに良い影響を与えていると思いますか。

Yes.(はい)の場合

Why? なぜですか。

解答例

The Internet helps us in many ways. For example, I can communicate with my parents who live far away for free.
インターネットは多くの点で私たちを助けています。例えば、私は遠く離れて暮らしている両親と無料で話すことができます。

□ **for free** — 無料で

解答のポイント

「インターネットが私たちに良い影響を与えていると思うか」という質問に対し、「良い影響を与えていると思う」と主張する場合は、Yes.と答えましょう。面接官がそれに対してWhy?「なぜですか」と尋ねてきたら、具体例も交えながら理由を述べます。
解答例ではまず、helps us in many ways「多くの点で私たちを助けている」と述べ、インターネットから受けている恩恵の多さを指摘しています。2文目は、その具体例です。For example「例えば」という表現に続けて、「具体的にどのような恩恵を受けているのか」を、例を挙げて説明しています。

No.（いいえ）の場合

Why not? なぜですか。

解答例 

There are too many violent images on the Internet. Also, it often gives people false information.
インターネット上にはあまりにも多くの暴力的な画像があります。また、インターネットはしばしば人々に偽の情報を与えます。

□ **violent** 暴力的な　□ **false** 間違った

解答のポイント

「良い影響を与えていないと思う」と主張する場合は、まずNo.と答えます。面接官からWhy not?「なぜですか」と尋ねられたら、そう考える理由を具体的に述べましょう。解答例では、インターネットの負の側面として、violent images「暴力的な画像」やfalse information「偽の情報」があることを挙げています。このように、教育や道徳上の観点から望ましくない情報にも簡単にアクセスできてしまうことや、情報の正確性や信ぴょう性に欠けるといった点は、インターネットの良くない影響と言えます。

パッセージ音読のコツ

1 | 適切に区切って発話しよう

最初から最後まで一息で発話するのではなく、意味の区切れやセンテンスの区切れで一呼吸おくようにして発話すると、話に緩急をつけることができ、意味が伝わりやすくなります。また、しっかり意味を理解してナレーションしているということを面接官にアピールすることもできます。意味を意識しながら、次に挙げる場所で区切って発話しましょう。

・文頭の時や場所を表す語句の直後：A few months later、At a staff meeting
・登場人物の発言や考えの前：*A* said that ～、*A* thought that ～
・接続詞の前後：and、but、although、while
・文の前後

2 | 適切に強弱をつけて発話する

強勢をおいて発話する単語と、そうでない単語を区別して読むことで、より聞き取りやすい英語を話すことができます。次の強弱を意識してナレーションをしましょう。

・強く読む語：内容語（語彙的な意味を持つ語）
　　例　名詞、動詞、形容詞、副詞、接続詞など
・弱く読む語：機能語（文法構造を示す語）
　　例　冠詞、前置詞、be動詞、助動詞、代名詞など

強弱をつける際は、極端に声のボリュームを上下させる必要はありません。気持ち弱め（強め）に読むだけでOKです。

実際に声に出してみると分かると思いますが、英語は強弱の繰り返しで成り立っています。このリズムは日本語にはないものなので、日頃から強弱を意識して英語のリズムに慣れておけば、試験のときに初めて見る英文でも、自然に強弱をつけて読むことができるようになります。面接本番ではパッセージの音読を始める前に与えられる20秒間でパッセージの意味を理解し、区切れ、強弱をどうつけるかを考えておきましょう。

Day 3

Shopping Bags
（買い物袋）

Day3 問題カード

Shopping Bags

Nowadays, people are encouraged to bring reusable shopping bags instead of using the store's plastic ones when going shopping. However, many people feel it is troublesome. Now, some shops have come up with other solutions, such as services that give customers who bring reusable bags some points. Some shops have started such services, and in this way, they try to reduce the use of plastic bags.

Your story should begin with this sentence: One day, Mr. and Mrs. Saito were shopping in a supermarket.

面接の流れを振り返ろう

左の二次元コードから動画を見ながら、
面接の一連の流れをおさらいしましょう。

1 パッセージを読む

Please read the passage silently for twenty seconds.
20秒間、パッセージを声に出さずに読んでください。
Now, please read it aloud.
では、声に出してパッセージを読んでください。

パッセージの英文

Shopping Bags
Nowadays, people are encouraged to bring reusable shopping bags instead of using the store's plastic ones when going shopping. However ...

買い物袋
今日では、買い物をするとき、店のビニールの買い物袋の代わりに再利用可能な買い物袋を持参するよう勧められています。しかしながら、…

2 パッセージについて答える

According to the passage, how do some shops try to reduce the use of plastic bags?
パッセージによると、一部の店はどのようにビニール袋の使用を減らそうとしていますか。

解答例

By starting services that give customers who bring reusable bags some points.
再利用可能な袋を持参した買い物客にポイントを与えるサービスを始めることによってです。

3 イラストについて答える

Now, please look at the picture and describe the situation. You have twenty seconds to prepare. Your story should begin with the sentence on the card.

それでは、絵を見て状況を説明してください。準備するための時間は20秒です。カードにある文で話を始めてください。

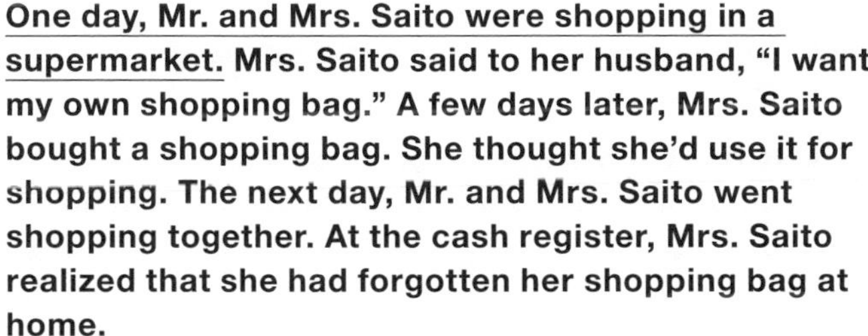

解答例

One day, Mr. and Mrs. Saito were shopping in a supermarket. Mrs. Saito said to her husband, "I want my own shopping bag." A few days later, Mrs. Saito bought a shopping bag. She thought she'd use it for shopping. The next day, Mr. and Mrs. Saito went shopping together. At the cash register, Mrs. Saito realized that she had forgotten her shopping bag at home.

ある日、サイトウ夫妻はスーパーマーケットで買い物をしていました。サイトウさんの妻が夫に「私は自分の買い物袋が欲しい」と言いました。数日後、サイトウさんの妻は買い物袋を買いました。彼女は買い物にそれを使おうと考えていました。翌日、サイトウ夫妻は一緒に買い物へ行きました。レジで、サイトウさんの妻は買い物袋を家に忘れてきたことに気が付きました。

4 | 自分の意見を述べる(1)

Now, Mr./Ms. ——, please turn over the card and put it down.

では、——さん、カードを裏返して置いてください。

Some people say that it is a good idea to shop at a secondhand store. What do you think about that?

中古品店で買い物をすることは良い考えだと言う人もいます。あなたはそれについてどう思いますか。

解答例

I agree. Products at a secondhand store are much cheaper. Also, it's good to reuse things.

私は賛成です。中古品店の商品はずっと安いです。また、物を再利用することは良いことです。

5 | 自分の意見を述べる(2)

These days, more people go abroad to study English. Do you think this is a good way to study English?

このごろ、英語を勉強するために海外に行く人が増えています。あなたはこれが英語を勉強するための良い方法だと思いますか。

解答例

Yes. はい。

Why?

なぜですか。

I think being surrounded by English helps people learn. Also, people can learn about a new culture.

私は英語に囲まれていることは人々が学ぶのに役立つと思います。また、人々は新しい文化について学ぶこともできます。

解答例

No. いいえ。

Why not?

なぜですか。

It costs a lot of money to study abroad. Also, some foreign countries are dangerous.

海外で勉強をするにはたくさんのお金がかかります。また、外国には危険な国もあります。

それぞれの問題を理解しよう

問題ひとつひとつの理解を深めましょう。スピーキングアイコンがついている箇所は、アプリ「my-oto-mo」で発音判定ができます。

1 パッセージを読む

Please read the passage silently for twenty seconds.
20秒間、パッセージを声に出さずに読んでください。
Now, please read it aloud.
では、声に出してパッセージを読んでください。

Shopping Bags
Shoppingを少し強めに

Nowadays, / people are encouraged /
Nowadaysの後ろで少し間を置く

to bring reusable shopping bags /

instead of using the store's plastic ones (↗) /
instead ofはつなげて読む

when going shopping (↘)**.**

However, / many people feel it is troublesome (↘)**.**
Howeverは勢いよく

Now, / some shops have come up with other solutions (↘)**,**
other solutionsをやや強く読む

such as services /

that give customers who bring reusable bags / some points (↘)**.**
thatの前で軽く区切る

Some shops have started such services, /
servicesを強く読む

and in this way, / they try to reduce the use of plastic bags (↘)**.**
wayの後ろで少し間を置く

訳

買い物袋
今日では、買い物をするとき、人々は店のビニール袋を使う代わりに再利用可能な買い物袋を持参するよう勧められています。しかしながら、多くの人々はそれが面倒だと感じています。現在では、再利用可能な袋を持参した買い物客にポイントを与えるサービスなど、他の解決策を思いついた店もあります。一部の店はそのようなサービスを始めており、このようにしてビニール袋の使用を減らそうとしているのです。

□**encourage *A* to *do*** — Aに〜するよう促す　□**reusable** — 再利用可能な
□**instead of 〜** — 〜の代わりに　□**troublesome** — 面倒な
□**come up with 〜** — 〜を思いつく　□**solution** — 解決策

ビニール袋の使用量を減らすための取り組みや工夫が説明されているね。

音読のポイント

タイトルは「何の袋なのか」が伝わるように、Shoppingを少し強めに読みます。タイトルに続く1文目が、このパッセージの主題です。Nowadaysの後ろで少し間を置き、reusable shopping bagsを強調して読みましょう。HoweverやNow、in this wayの後ろも、Nowadaysと同じように一呼吸置くと、スムーズに読みやすくなります。

2 パッセージについて答える

According to the passage, how do some shops try to reduce the use of plastic bags?

パッセージによると、一部の店はどのようにビニール袋の使用を減らそうとしていますか。

解答例

By starting services that give customers who bring reusable bags some points.

再利用可能な袋を持参した買い物客にポイントを与えるサービスを始めることによってです。

解答のポイント

質問文の内容は、4文目の後半に書かれています。ここでin this way「このようにして」という表現に注目。この表現はこれ以前の内容を指すものなので、4文目の前半のSome shops have started such servicesを指していると分かります。such servicesとは、3文目のservices that give customers who bring reusable bags some pointsのことなので、答えるときはこれに置き換えましょう。また、質問はhow 〜?「どのように〜か」と手段を尋ねるものなので、By *doing*「〜することによってです」で文を始めればOKです。

3 | イラストについて答える

I want my own shopping bag.

A few days later

The next day

スーパーマーケットで買い物をする夫妻の様子が描かれているね。人物のセリフや吹き出し内のイラストも確認して、ストーリーを想像してみよう。

Now, please look at the picture and describe the situation. You have twenty seconds to prepare. Your story should begin with the sentence on the card.

それでは、絵を見て状況を説明してください。準備するための時間は20秒です。カードにある文で話を始めてください。

解答例

One day, Mr. and Mrs. Saito were shopping in a supermarket. Mrs. Saito said to her husband, "I want my own shopping bag." A few days later, Mrs. Saito bought a shopping bag. She thought she'd use it for shopping. The next day, Mr. and Mrs. Saito went shopping together. At the cash register, Mrs. Saito realized that she had forgotten her shopping bag at home.

ある日、サイトウ夫妻はスーパーマーケットで買い物をしていました。サイトウさんの妻が夫に「私は自分の買い物袋が欲しい」と言いました。数日後、サイトウさんの妻は買い物袋を買いました。彼女は買い物にそれを使おうと考えていました。翌日、サイトウ夫妻は一緒に買い物へ行きました。レジで、サイトウさんの妻は買い物袋を家に忘れてきたことに気が付きました。

□ **supermarket** — スーパーマーケット　□ **husband** — 夫　□ **cash register** — レジ
□ **realize that ～** — ～ということに気付く

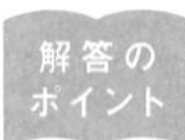

問題カードに記載されているナレーションの1文目から、夫妻がスーパーマーケットで買い物をしている場面から話が始まると分かります。２人の動作や様子、吹き出しに描かれている考えなどを過去形の文で描写します。

1コマ目

1コマ目は、問題カードに記載されている1文目に続けて、サイトウさんの妻のセリフを使って2文目を作りましょう。
サイトウさんの妻のセリフをそのまま引用する、直接話法を使うのが簡単です。Mrs. Saito said to her husband, "吹き出し内のセリフ."の形にします。

2コマ目

2コマ目はまず、カードにあるA few days laterに続けて、サイトウさんの妻が買い物袋を手に入れた様子を描写します。解答例ではbought a shopping bag「買い物袋を買った」としていますが、Mrs. Saito looked happy to have her own shopping bag.「サイトウさんの妻は自分の買い物袋を手に入れてうれしそうだった」と言うこともできます。
その後、サイトウさんの妻が買い物でその袋を使おうと思っていることが吹き出しに描かれているので、意志を表すwill「～するつもりだ」を使ってこれを表現します。解答例では、時制の一致でwillの過去形のwouldを使っています。she'dはshe wouldの短縮形です。

3コマ目

3コマ目は、カードにあるThe next dayに続けてサイトウ夫妻がどこで何をしているのかを述べてから、サイトウさんの妻が考えていることを描写しましょう。
サイトウさんの妻は、買い物袋を家に忘れてきたことにレジで気付いたことが読み取れます。「～ということに気付く」はrealize that ～で表すことができます。「～を置き忘れる」は、解答例ではforget「～を忘れる」を使っていますが、代わりにleaveを使ってもよいでしょう。

4 | 自分の意見を述べる(1)

Now, Mr./Ms. ——, please turn over the card and put it down.

では、——さん、カードを裏返して置いてください。

Some people say that it is a good idea to shop at a secondhand store. What do you think about that?

中古品店で買い物をすることは良い考えだと言う人もいます。あなたはそれについてどう思いますか。

賛成の場合

I agree. Products at a secondhand store are much cheaper. Also, it's good to reuse things.

私は賛成です。中古品店の商品はずっと安いです。また、物を再利用することは良いことです。

反対の場合

I disagree. I don't want to buy anything already used by other people. Also, the quality of goods is often not good.

私は反対です。他の人がすでに使った物を買いたくはありません。また、商品の質はしばしば良くありません。

□**secondhand** — 中古の　□**product** — 商品　□**cheap** — 安い　□**reuse** — ～を再利用する
□**quality** — 質

解答のポイント

面接官は、中古品店で買い物をすることは良い考えだと思うかどうかを尋ねています。答えるときは最初にI agree.「私は賛成です」やI disagree.「私は反対です」と自分の意見を明確にしてから、その理由を続けます。

賛成意見の解答例では、1つ目の理由として価格の安さを述べた後、Also「また」という表現を使い、資源の再利用を2つ目の理由に挙げています。much cheaperは「ずっと安い」という意味です。比較級の形容詞の前にmuchやfarを付けると、「ずっと、はるかに」と形容詞が表す程度を強調することができます。

反対意見の解答例では、already used by other people「他の人がすでに使った」物を使いたくないと主張しています。続けて、Also「また」という表現を使って、the quality of goods「商品の質」が良くないことを追加の理由として述べています。

5 自分の意見を述べる(2)

These days, more people go abroad to study English. Do you think this is a good way to study English?

このごろ、英語を勉強するために海外に行く人が増えています。あなたはこれが英語を勉強するための良い方法だと思いますか。

Yes.(はい)の場合

Why? なぜですか。

解答例

I think being surrounded by English helps people learn. Also, people can learn about a new culture.

私は英語に囲まれることは人々が学ぶのに役立つと思います。また、人々は新しい文化について学ぶこともできます。

□ **surround** — ～を取り囲む

解答のポイント

「英語を勉強するために海外に行くことが良い方法かどうか」を尋ねる質問です。Do you think ～?「あなたは～と思いますか」と聞かれているので、最初にYes.またはNo.で自分の意見を明確にします。

「良い方法だ」と主張するYes.の解答例では、英語に囲まれることが英語学習に役立つことと、新しい文化について学べることの2点を、海外に行く利点として挙げています。I think ～「私は～と思います」の後ろのbeing surrounded by English helps people learnという部分は、being surrounded by English「英語に囲まれること」が主語です。

No.(いいえ)の場合

Why not? なぜですか。

解答例 

It costs a lot of money to study abroad. Also, some foreign countries are dangerous.

海外で勉強をするにはたくさんのお金がかかります。また、外国には危険な国もあります。

解答のポイント

「良い方法ではない」と主張するNo.の解答例では、費用と安全面を理由に挙げています。まず、留学にはたくさんのお金がかかると費用面の負担を指摘してから、Also「また」という表現を使い、外国にはdangerous「危険な」国もあると述べています。英語を勉強する方法として、海外に行くことが必ずしも良いとは言えないと考える理由を、できる限り具体的に説明することがポイントです。

1文目のItは形式的に主語の位置に置かれているもので、to study abroad「海外で勉強をすること」がこの文の真の主語になっています。

パッセージに関する問題のコツ

1｜黙読、音読の段階でパッセージの流れをつかむ

面接では、まずパッセージを黙読し、次に音読をするよう指示されます。その後、その内容に関して質問されます。
まず、面接官から20秒間でパッセージを黙読するよう指示があります。この20秒間ではパッセージ全体の内容を理解することが肝心です。パッセージの内容について質問される準備として、まずはパッセージのおおまかな流れをつかんでおきましょう。

パッセージの構造は基本的に、

①テーマ／問題提起→②具体例→③結論

となっています。黙読する際には、簡単でいいので、この3点の内容を押さえておきましょう。

2｜質問の形と解答の形を知る

音読が終わるとパッセージの内容について質問されます。質問の形は決まっていますので、その形を知っておくことが大事です。

・According to the passage, why ～?　→　Because ～.
・According to the passage, how ～?　→　By *doing* ～.

質問の形はおおよそこの2種類で、「パッセージによると、なぜ～ですか?」、または「パッセージによると、どのように～ですか?」というものです。whyで聞かれた場合は、Because ～.「なぜなら～だからです」と理由を答えます。howは方法を尋ねられているので、答えるときはBy *doing* ～.「～することによってです」と答えます。

3｜パッセージ内に解答のヒントを見つける

質問で問われていることは必ずパッセージ内に書かれているので、それがどこにあるのかが分かれば解答は簡単です。理由や方法を問われるので、パッセージ内に、それらを述べる際に用いられるキーワードを見つけましょう。

・because　理由「なぜならば」
・so　理由「だから」
・to *do*　理由「～するために」
・in this way　方法「このようにして」
・by *doing* so　方法「そうすることによって」

Day 4

Store Apps
（ストアアプリ）

Day4 問題カード

Store Apps

There are many stores which give point cards to customers. However, some customers complain that they have too many cards to organize. Now, many companies are offering their own smartphone apps which can be used as mobile point cards. Many smartphone owners download such apps, so they don't need to carry many cards all the time.

Your story should begin with this sentence: **One day, Mr. and Mrs. Sato were checking a supermarket's website.**

面接の流れを振り返ろう

左の二次元コードから動画を見ながら、
面接の一連の流れをおさらいしましょう。

1 パッセージを読む

Please read the passage silently for twenty seconds.
20秒間、パッセージを声に出さずに読んでください。
Now, please read it aloud.
では、声に出してパッセージを読んでください。

パッセージの英文

Store Apps
There are many stores which give point cards to customers. However, ...
ストアアプリ
買い物客にポイントカードを渡す店が多くあります。しかし、…

2 パッセージについて答える

According to the passage, why don't many smartphone owners need to carry many cards all the time?
パッセージによると、多くのスマートフォンの所有者はなぜ多くのカードをいつも持ち運ぶ必要がないのですか。

解答例

Because they download smartphone apps which can be used as mobile point cards.
モバイルポイントカードとして使用できるスマートフォンアプリをダウンロードするからです。

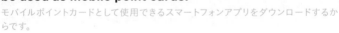

3 | イラストについて答える

Now, please look at the picture and describe the situation. You have twenty seconds to prepare. Your story should begin with the sentence on the card.

それでは、絵を見て状況を説明してください。準備するための時間は20秒です。カードにある文で話を始めてください。

解答例

One day, Mr. and Mrs. Sato were checking a supermarket's website. Mr. Sato said, "We can get extra points this week." At the supermarket, Mr. Sato was trying to pay. Mrs. Sato couldn't find her point card in her wallet. Thirty minutes later, they were searching for the card at home. Finally, Mrs. Sato found it under a table.

ある日、サトウ夫妻はスーパーマーケットのウェブサイトをチェックしていました。サトウさんは「今週、僕たちは余分にポイントをもらえるね」と言いました。スーパーマーケットで、サトウさんは支払いをしようとしていました。サトウさんの妻は財布の中にポイントカードを見つけられませんでした。30分後、彼らは自宅でカードを探していました。最終的にサトウさんの妻は、カードが机の下にあるのを見つけました。

4 | 自分の意見を述べる(1)

Now, Mr./Ms. ——, please turn over the card and put it down.

では、——さん、カードを裏返して置いてください。

Some people say that all cashiers should be replaced by self-checkout machines. What do you think about that?

全てのレジ係をセルフレジ機に置き換えるべきだと言う人もいます。あなたはそれについてどう思いますか。

解答例

I agree. Self-checkout machines are easy to use. Also, they're faster than waiting for a cashier.

私は賛成です。セルフレジ機は使いやすいです。また、それらはレジ係を待つよりも早いです。

5 | 自分の意見を述べる(2)

These days, many young people do not read newspapers. Do you think this is a good trend?

このごろ、多くの若者が新聞を読みません。あなたはこれが良い傾向だと思いますか。

解答例

Yes. はい。

Why?

なぜですか。

We can find all kinds of information on the Internet. Also, it costs a lot to buy and read a newspaper every day.

私たちはインターネット上であらゆる種類の情報を見つけることができます。また、新聞を毎日購入して読むことは高くつきます。

解答例

No. いいえ。

Why not?

なぜですか。

Reading newspapers is extremely important in order to improve one's reading skills. Also, this habit will expand our knowledge.

新聞を読むことは人の読む力を高めるために非常に重要です。また、この習慣は私たちの知識を広げます。

それぞれの問題を理解しよう

問題ひとつひとつの理解を深めましょう。スピーキングアイコンがついている箇所は、アプリ「my-oto-mo」で発音判定ができます。

1 | パッセージを読む

Please read the passage silently for twenty seconds.
20秒間、パッセージを声に出さずに読んでください。
Now, please read it aloud.
では、声に出してパッセージを読んでください。

Store Apps
Storeを少し強めに読む

There are many stores／

which give point cards to customers(↘).
whichの前で軽く区切る

However,／some customers complain that
Howeverは勢いよく読む

they have too many cards to organize(↘).
too manyは強調表現なので強く

Now,／many companies are offering their own
ownを強めに読む

smartphone apps／

which can be used as mobile point cards(↘).
mobileを強調

Many smartphone owners download such apps(↘),／
カンマの後ろで少し間を置く

so they don't need to carry many cards／all the time(↘).
don'tをやや強めに

Day1 Day2 Day3 Day4 Day5 Day6 Day7

訳

ストアアプリ
買い物客にポイントカードを渡す店が多くあります。しかし、一部の買い物客は整理するには多すぎるカードを持っていると不満を言っています。今や、たくさんの企業がモバイルポイントカードとして使用できる独自のスマートフォン用のアプリを提供しています。多くのスマートフォンの所有者はそのようなアプリをダウンロードしているので、多くのカードをいつも持ち運ぶ必要がないのです。

□**app** — アプリ　□**complain that ～** — ～であると不満を言う　□**organize** — ～を整理する
□**mobile** — 携帯型の、モバイルの　□**owner** — 所有者　□**all the time** — いつも

持ち運びや管理に便利なスマートフォンの買い物アプリについて書かれているね。

音読のポイント

タイトルはStoreを少し強めに読みます。3文目が、このパッセージで一番伝えたいことです。Nowの後ろで一呼吸置き、ownを強く読むようにしましょう。4文目はappsの語尾を下げ、カンマの後ろで少し間を置いてからso以降を読むのがコツです。

2 | パッセージについて答える

According to the passage, why don't many smartphone owners need to carry many cards all the time?

パッセージによると、多くのスマートフォンの所有者はなぜ多くのカードをいつも持ち運ぶ必要がないのですか。

解答例

Because they download smartphone apps which can be used as mobile point cards.

モバイルポイントカードとして使用できるスマートフォンアプリをダウンロードするからです。

解答のポイント

質問文の内容が4文目の後半に書かれているので、その直前にあるsoの前の部分に着目します。Many smartphone owners download such appsのsuchは、さらにその前の3文目の内容を指しているため、such appsとはすなわちsmartphone apps which can be used as mobile point cardsということです。これらを踏まえ、解答では主語のmany smartphone ownersを代名詞のtheyに置き換えることと、why ～?「なぜ～ですか」に対してBecause ～「～だからです」を使って答えることがポイントです。

3｜イラストについて答える

We can get extra points this week.
At the supermarket
Thirty minutes later

登場人物と場面の展開に注目しよう。表情から、登場人物が置かれている状況や感情を読み取ることもポイントだよ。

Now, please look at the picture and describe the situation. You have twenty seconds to prepare. Your story should begin with the sentence on the card.

それでは、絵を見て状況を説明してください。準備するための時間は20秒です。カードにある文で話を始めてください。

解答例 

One day, Mr. and Mrs. Sato were checking a supermarket's website. Mr. Sato said, "We can get extra points this week." At the supermarket, Mr. Sato was trying to pay. Mrs. Sato couldn't find her point card in her wallet. Thirty minutes later, they were searching for the card at home. Finally, Mrs. Sato found it under a table.

ある日、サトウ夫妻はスーパーマーケットのウェブサイトをチェックしていました。サトウさんは「今週、僕たちは余分にポイントをもらえるね」と言いました。スーパーマーケットで、サトウさんは支払いをしようとしていました。サトウさんの妻は財布の中にポイントカードを見つけられませんでした。30分後、彼らは自宅でカードを探していました。最終的にサトウさんの妻は、カードが机の下にあるのを見つけました。

□**supermarket** スーパーマーケット　□**extra** 余分の　□**pay** 支払う
□**wallet** 財布　□**search for ～** ～を探す　□**finally** 最終的に

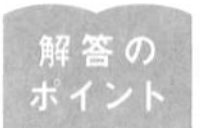

問題カードに記載されているナレーションの1文目に目を通し、夫妻がスーパーマーケットのウェブサイトを見ている場面だということを読み取りましょう。イラストに矢印で示されている時系列に沿って、過去形の文で描写していきます。

1コマ目

1コマ目は、問題カードに記載されている1文目に続けて、サトウさんのセリフを使って2文目を作りましょう。サトウさんのセリフをそのまま引用する直接話法を使うのが簡単です。Mr. Sato said, "吹き出し内のセリフ." の形にします。

2コマ目

2コマ目では、夫妻が異なる動作をしているので、それぞれについて描写しましょう。まず、カードにあるAt the supermarketに続けてサトウさんの動作を描写してから、サトウさんの妻の状況を説明します。
解答例ではtry to *do*「～しようとする」を使って、Mr. Sato was trying to payとしていますが、単にMr. Sato was payingとしてもよいでしょう。一方、サトウさんの妻については、支払時に提示するポイントカードが財布の中に見つからない様子が読み取れるため、そのことを描写します。

3コマ目

3コマ目は、場面がサトウ夫妻の自宅に変わっています。カードにあるThirty minutes laterに続けてサトウ夫妻の行動を説明してから、サトウさんの妻の状況も説明しましょう。
まず、サトウ夫妻が2人そろって自宅でカードを探している様子が読み取れるため、theyを主語にしてそのことを描写します。「～を探す」はsearch for ～の他に、look for ～で表すこともできます。その後、サトウさんの妻の表情に着目し、机の下にカードがあるのを見つけたことを描写しましょう。「ようやく、最終的に」という意味のfinallyを使うことで、自然な流れで3コマ目の出来事を説明することができます。

4 自分の意見を述べる（1）

Now, Mr./Ms. ——, please turn over the card and put it down.

では、——さん、カードを裏返して置いてください。

Some people say that all cashiers should be replaced by self-checkout machines. What do you think about that?

全てのレジ係をセルフレジ機に置き換えるべきだと言う人もいます。あなたはそれについてどう思いますか。

賛成の場合

解答例 

I agree. Self-checkout machines are easy to use. Also, they're faster than waiting for a cashier.

私は賛成です。セルフレジ機は使いやすいです。また、それらはレジ係を待つよりも早いです。

反対の場合

解答例 

I disagree. There are many people who don't know how to use self-checkout machines. Also, it would take away some people's employment opportunities.

私は反対です。セルフレジ機の使い方を知らない人がたくさんいます。また、一部の人々の雇用機会を奪います。

□**cashier** — レジ係　□**self-checkout** — セルフレジ　□**take away ～** — ～を奪う
□**employment opportunity** — 雇用機会

解答のポイント

面接官は、「全てのレジ係をセルフレジ機に置き換えるべきだ」という意見についてどう思うかを尋ねています。最初にI agree.「私は賛成です」やI disagree.「私は反対です」と自分の立場を明確にしてから、その理由を続けます。
賛成意見の解答例では、「使いやすさ」と「早さ」を理由に挙げています。easy to useで「使いやすい」という意味です。faster than ～「～よりも早い」という比較級の表現は、セルフレジ機を使った場合とレジ係を待つ場合の、会計にかかる時間を比べています。
反対意見の解答例では、「セルフレジ機の使い方を知らない人がたくさんいる」ことを、1つ目の理由に挙げています。続けて、Also「また」という表現を使い、「雇用機会が失われること」を2つ目の理由として述べています。

5 | 自分の意見を述べる(2)

These days, many young people do not read newspapers. Do you think this is a good trend?

このごろ、多くの若者が新聞を読みません。あなたはこれが良い傾向だと思いますか。

Yes.(はい)の場合

Why? なぜですか。

解答例

We can find all kinds of information on the Internet. Also, it costs a lot to buy and read a newspaper every day.

私たちはインターネット上であらゆる種類の情報を見つけることができます。また、新聞を毎日購入して読むことは高くつきます。

解答のポイント

面接官は、「このごろ、多くの若者が新聞を読まないことが良い傾向だと思うかどうか」を尋ねています。答えるときは最初に、Yes.またはNo.で自分の意見を明確にしましょう。

「良い傾向だ」と主張するYes.の解答例では、新聞を読まなくても「インターネットであらゆる種類の情報が得られる」ことを1つ目の理由として述べた後、Also「また」という表現を使って、「新聞の購読は費用がかかる」と金銭面の負担を2つ目の理由として追加しています。〈It costs＋費用＋to *do*〉で「～するのに費用がかかる」という意味を表すことができます。〈It takes＋時間＋to *do*〉「～するのに時間がかかる」という表現も、あわせて覚えておきましょう。

No.（いいえ）の場合

Why not? なぜですか。

解答例 

Reading newspapers is extremely important in order to improve one's reading skills. Also, this habit will expand our knowledge.

新聞を読むことは人の読む力を高めるために非常に重要です。また、この習慣は私たちの知識を広げます。

□**extremely** 非常に　□**in order to *do*** ～するために　□**habit** 習慣
□**expand** ～を広げる　□**knowledge** 知識

解答のポイント

「良い傾向ではない」と主張するNo.の解答例では、読解力が高まることを新聞を読むメリットとして述べています。Reading newspapers「新聞を読むこと」は、動名詞を使った表現が主語になっているパターンです。in order to *do*「～するために」は目的を述べるときに使う表現です。

2文目では加えて、新聞を読む習慣が知識を広げるのに役立つことを述べています。1文目のReading newspapers「新聞を読むこと」を受けて、2文目ではこれをthis habit「この習慣」と言い換えていることがポイント。追加の理由を述べたい場合は、Also「また」の他に、In addition「さらに」という表現を使うこともできます。

イラスト描写問題のコツ①

1 | ナレーションの1文目から状況を押さえる

カードには、3コマのイラストと、ナレーションの1文目となる英文が書かれています。カードに書かれている1文目は、1コマ目のイラストを描写していて、主人公と他の登場人物との関係性、また彼らの状況や動作が読み取れます。

2 | 吹き出しのセリフを引用する

イラストの中には、登場人物の発言が吹き出しで表されています。その発言をそのまま引用してイラストの描写に利用することができます。引用は直接話法を使うと、時制の一致や代名詞の変換をする必要がないので、簡単なうえにミスも防げます。

A said (to *B*), " 吹き出しのセリフ."

という形で引用しましょう。

今回の問題では、1コマ目でMr. Satoが発言をしています。問題カードに記載されている1文目 One day, Mr. and Mrs. Sato were checking a supermarket's website. に続けて、Mr. Satoのセリフを使って2文目を作りましょう。そのままセリフを引用する直接話法を使って、Mr. Sato said, "We can get extra points this week."とします。

3 | 場面の切り替わりをはっきりさせる

イラストでは、次のコマに移る際に、矢印で「時間」や「場所」を表す語句が書かれています。ナレーションが次のコマに移る際には、一番初めにこの部分に言及すると、面接官に次のコマに移ったことがしっかり伝わります。

今回の問題であれば、

At the supermarket, Mr. Sato ～.　「スーパーマーケットで、サトウさんは～」

Thirty minutes later, they were ～.「30 分後、彼らは～」

と、それぞれ2コマ目、3コマ目に移る際、最初に言及します。

Day 5

Mobile Phones for the Elderly

（高齢者向け携帯電話）

Day5 問題カード

Mobile Phones for the Elderly

It can be difficult for elderly people to use current technology such as mobile phones because they have too many features. Nowadays, some groups provide free information sessions for them. Elderly people can learn many of the functions of mobile phones in such sessions, so they can easily do what they want to do. These sessions are available in community centers and in schools.

Your story should begin with this sentence: One day, Keita was talking with his grandmother, Keiko.

Let's go buy a mobile phone for you.
That weekend at a store
That night at home

面接の流れを振り返ろう

左の二次元コードから動画を見ながら、
面接の一連の流れをおさらいしましょう。

1 パッセージを読む

Please read the passage silently for twenty seconds.
20秒間、パッセージを声に出さずに読んでください。
Now, please read it aloud.
では、声に出してパッセージを読んでください。

パッセージの英文

Mobile Phones for the Elderly
It can be difficult for elderly people to use current technology such as mobile phones because they have too many features. Nowadays ...
高齢者向け携帯電話
機能が多すぎるため、携帯電話のような最新のテクノロジーを使うことは高齢者にとって難しい場合があります。最近は…

2 パッセージについて答える

According to the passage, why can elderly people easily do what they want to do?
パッセージによると、高齢者はなぜ自分たちがしたいことを簡単に行うことができるのですか。

解答例

Because they can learn many of the functions of mobile phones in the free information sessions.
無料の情報講座で多くの携帯電話の機能を学ぶことができるからです。

3 | イラストについて答える

Now, please look at the picture and describe the situation. You have twenty seconds to prepare. Your story should begin with the sentence on the card.

それでは、絵を見て状況を説明してください。準備するための時間は20秒です。カードにある文で話を始めてください。

Let's go buy a mobile phone for you.
That weekend at a store
That night at home

解答例

One day, Keita was talking with his grandmother, Keiko. Keita said to her, "Let's go buy a mobile phone for you." That weekend at a store, Keiko was looking at the mobile phones. Keita was reading some pamphlets. That night at home, Keiko was struggling to use her new phone. He was thinking of teaching her how to use the new phone.

ある日、ケイタは彼の祖母であるケイコと話をしていました。ケイタは彼女に「あなたのために携帯電話を買いに行こう」と言いました。その週末にお店で、ケイコは携帯電話を見ていました。ケイタはパンフレットを読んでいました。その晩に自宅で、ケイコは新しい携帯電話を使うのに苦戦していました。ケイタは彼女に新しい携帯電話の使い方を教えてあげようと思っていました。

4 | 自分の意見を述べる（1）

Now, Mr./Ms. ——, please turn over the card and put it down.

では、—— さん、カードを裏返して置いてください。

Some people say that children should not be given a smartphone too early. What do you think about that?

子どもたちはスマートフォンをあまりにも早い時期に与えられるべきではないと言う人もいます。あなたはそれについてどう思いますか。

解答例

I agree. Smartphones don't have a good influence on children. In particular, smartphones cause them to stay up late and not get enough sleep.

私は賛成です。スマートフォンは子どもたちに良い影響を与えません。特に、スマートフォンのせいで彼らは夜更かしをし、十分な睡眠を取ることができません。

5 | 自分の意見を述べる（2）

Today, many animals are in danger of extinction. Do you think people are doing enough to protect endangered animals?

今日では、多くの動物が絶滅の危機に瀕しています。あなたは人々が絶滅の恐れがある動物を保護するために十分行動していると思いますか。

解答例

Yes. はい。

Why?

なぜですか。

More and more people are interested in these animals. Also, many people donate money to protect them.

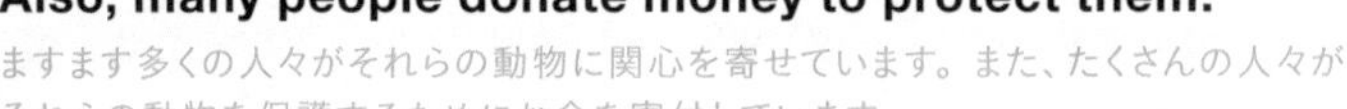

ますます多くの人々がそれらの動物に関心を寄せています。また、たくさんの人々がそれらの動物を保護するためにお金を寄付しています。

解答例

No. いいえ。

Why not?

なぜですか。

People are not fully aware of the situation. I think that government should try to educate people more about endangered animals.

人々がこの状況を十分に認識しているわけではありません。私は、政府が絶滅の危機にある動物についてもっと人々に啓発するようにすべきだと思います。

それぞれの問題を理解しよう

問題ひとつひとつの理解を深めましょう。スピーキングアイコンがついている箇所は、アプリ「my-oto-mo」で発音判定ができます。

1 パッセージを読む

Please read the passage silently for twenty seconds.
20秒間、パッセージを声に出さずに読んでください。
Now, please read it aloud.
では、声に出してパッセージを読んでください。

Mobile Phones / for the Elderly
Elderlyを強調して読む

It can be difficult for elderly people / to use current technology /
elderlyとcurrentを少し強めに

such as mobile phones /

because they have too many features (↘).
too manyを強調する

Nowadays, / some groups provide free information sessions /
Nowadaysはゆっくり読み、少し間を置く

for them (↘).

Elderly people can learn many of the functions of mobile phones /

in such sessions (↘), /
in such sessionsは一息で

so they can easily do what they want to do (↘).
want to doはつなげて読む

These sessions are available /

in community centers / and in schools (↘).
community centersとschoolsを強く読む

訳

高齢者向け携帯電話
機能が多すぎるため、携帯電話のような最新のテクノロジーを使うことは高齢者にとって難しい場合があります。最近は、彼らのために無料の情報講座を提供している団体もあります。高齢者はそのような講座で携帯電話の多くの機能を学ぶことができるので、彼らは自分たちがしたいことを簡単に行うことができるのです。このような講座はコミュニティセンターや学校で利用できます。

□**the elderly** — 高齢者　□**elderly** — 年配の　□**current** — 最新の　□**feature** — 機能
□**provide *A* for *B*** — AをBに提供する　□**function** — 機能　□**available** — 利用可能な

最新のテクノロジーの利用に関する、高齢者を対象とした取り組みについて書かれているね。

音読のポイント

タイトルはElderlyを強調して読みます。続く1文目が、このパッセージで一番伝えたいことです。elderlyとcurrentが内容的に対比されているので、その2つの単語を少し強めに読むことがポイントです。3文目はin such sessionsを一息で読んだ後、少し間を置いてからso以降を読みます。4文目はcommunity centersとschoolsが伝えたい内容なので、その部分を強く読むようにしましょう。

2 パッセージについて答える

According to the passage, why can elderly people easily do what they want to do?

パッセージによると、高齢者はなぜ自分たちがしたいことを簡単に行うことができるのですか。

解答例

Because they can learn many of the functions of mobile phones in the free information sessions.

無料の情報講座で多くの携帯電話の機能を学ぶことができるからです。

解答のポイント

質問文の内容は3文目の後半に書かれているので、soの前のElderly people can learn many of the functions of mobile phones in such sessionsという部分に注目します。このsuch sessionsは2文目にあるfree information sessionsを指しているので、これに言い換えましょう。また、主語のElderly peopleは代名詞のtheyを使って表します。why ～?「なぜ～ですか」という質問に対して、Because ～「～だからです」から文を始めることもポイントです。

3 イラストについて答える

Let's go buy a mobile phone for you.
That weekend at a store
That night at home

イラストに描かれているのは孫と祖母のやりとりだね。3コマ目の吹き出しから、孫が考えていることを想像してみよう。

Now, please look at the picture and describe the situation. You have twenty seconds to prepare. Your story should begin with the sentence on the card.

それでは、絵を見て状況を説明してください。準備するための時間は20秒です。カードにある文で話を始めてください。

解答例

One day, Keita was talking with his grandmother, Keiko. Keita said to her, "Let's go buy a mobile phone for you." That weekend at a store, Keiko was looking at the mobile phones. Keita was reading some pamphlets. That night at home, Keiko was struggling to use her new phone. He was thinking of teaching her how to use the new phone.

ある日、ケイタは彼の祖母であるケイコと話をしていました。ケイタは彼女に「あなたのために携帯電話を買いに行こう」と言いました。その週末にお店で、ケイコは携帯電話を見ていました。ケイタはパンフレットを読んでいました。その晩に自宅で、ケイコは新しい携帯電話を使うのに苦戦していました。ケイタは彼女に新しい携帯電話の使い方を教えてあげようと思っていました。

□**look at ～** ～を見る　□**pamphlet** パンフレット
□**struggle to *do*** ～するのに苦戦する　□**how to *do*** ～する方法

解答の
ポイント

問題カードに書かれているナレーションから、登場人物はケイタと祖母のケイコで、2人が会話をしている場面からストーリーが始まっていると分かります。時間の経過と会話が行われている場所にも注意しながら、過去形の文で描写していきます。

1コマ目

Let's go buy a mobile phone for you.

1コマ目は、問題カードに記載されている1文目に続けて、ケイタのセリフを使って2文目を作りましょう。
ケイタのセリフをそのまま引用する直接話法を使うのが簡単です。Keita said to her, "吹き出し内のセリフ." の形にします。

2コマ目

2コマ目は、カードにあるThat weekend at a storeに続けて登場人物の行動を描写しましょう。2人はそれぞれ異なる動作をしているので、1人ずつ描写すると分かりやすく説明できます。
1コマ目のケイタのセリフから、2人は携帯電話ショップにいることが分かります。ケイコが携帯電話を見ていることと、ケイタがパンフレットを読んでいることを描写すればよいでしょう。「～を見る」はlook at ～という表現を使うことができます。「～していました」という意味は、動詞を過去進行形にして表します。

3コマ目

3コマ目は、カードにあるThat night at homeに続けて、ケイコの状況とケイタの考えていることを描写しましょう。
携帯電話を持って困っている祖母のケイコの様子がイラストから読み取れます。解答例ではこれをstruggle to *do*「～するのに苦戦する」を使って表現しています。at a loss「途方に暮れて」という表現を使って、Keiko was at a loss on how to use her phone.と言うこともできます。その様子を見て、ケイタはケイコに携帯電話の使い方を教えてあげようと思っていることが吹き出しから読み取れるので、そのことを描写しましょう。

4 自分の意見を述べる（1）

Now, Mr./Ms. ——, please turn over the card and put it down.

では、——さん、カードを裏返して置いてください。

Some people say that children should not be given a smartphone too early. What do you think about that?

子どもたちはスマートフォンをあまりにも早い時期に与えられるべきではないと言う人もいます。あなたはそれについてどう思いますか。

賛成の場合

解答例

I agree. Smartphones don't have a good influence on children. In particular, smartphones cause them to stay up late and not get enough sleep.

私は賛成です。スマートフォンは子どもたちに良い影響を与えません。特に、スマートフォンのせいで彼らは夜更かしをし、十分な睡眠を取ることができません。

反対の場合

解答例

I disagree. I think they're very useful tools. Also, children can learn many things by playing with their smartphone.

私は反対です。私はそれらはとても便利なツールだと思います。また、子どもたちは自分のスマートフォンで遊ぶことで、多くのことを学ぶことができます。

□**influence** 影響 □**in particular** 特に □**cause *A* to *do*** Aに～させる
□**enough** 十分な

解答のポイント

面接官は、「子どもたちはスマートフォンをあまりにも早い時期に与えられるべきではない」という意見についてどう思うか尋ねています。答えるときはまず、I agree.「私は賛成です」やI disagree.「私は反対です」と自分の意見を明確にしてから、その理由を続けます。

賛成意見の解答例では、スマートフォンが子どもたちに与える影響を指摘しています。In particular「特に」という表現に続く文は、良くない影響の1つの事例を取り上げて具体的に説明したものです。cause *A* to *do*は「Aに～させる」という表現ですが、「Aのせいで～する」という意味を表すことができます。

反対意見の解答例では、スマートフォンの利便性を強調しています。usefulは「便利な、役に立つ」という意味です。さらに、Also「また」という表現に続けて、スマートフォンを通じて子どもたちは多くのことを学ぶことができるとも述べています。

5 | 自分の意見を述べる（2）

Today, many animals are in danger of extinction. Do you think people are doing enough to protect endangered animals?

今日では、多くの動物が絶滅の危機に瀕しています。あなたは人々が絶滅の恐れがある動物を保護するために十分行動していると思いますか。

Yes.（はい）の場合

Why? なぜですか。

解答例

More and more people are interested in these animals. Also, many people donate money to protect them.

ますます多くの人々がそれらの動物に関心を寄せています。また、たくさんの人々がそれらの動物を保護するためにお金を寄付しています。

□**extinction** — 絶滅　□**protect** — ～を保護する　□**endangered** — 絶滅の危機にさらされた
□**donate** — ～を寄付する

解答のポイント

「人々は絶滅の恐れがある動物を保護するために十分行動していると思うかどうか」を尋ねる質問です。答えるときはYes.またはNo.で自分の意見をまず明確にします。

「十分行動している」と主張するYes.の解答例では、絶滅危惧種に関心を寄せる人が増えていることを理由に挙げています。More and more peopleで「ますます多くの人々が」という意味です。these animalsは質問文のendangered animals「絶滅の恐れがある動物」を指しています。

2文目はAlso「また」を使って、理由を補足したものです。関心を寄せるだけでなく、そうした動物を守るために人々がお金を寄付するという行動もとっていると述べています。2文目の文末のthemはthese animalsを指しています。

No.(いいえ)の場合

Why not? なぜですか。

解答例

People are not fully aware of the situation. I think that government should try to educate people more about endangered animals.

人々がこの状況を十分に認識しているわけではありません。私は、政府が絶滅の危機にある動物についてもっと人々に啓発するようにすべきだと思います。

□***be* aware of ～** ～を知っている □**fully** 十分に □**educate** ～を啓発する

解答のポイント

「十分行動していない」と主張するNo.の解答例では、人々がこうした状況を十分に認識しているわけではないことを問題点として取り上げています。not fullyは部分否定の表現で、*be* not fully aware of ～で「～を十分に認識しているわけではない」という意味になります。

これを受けて2文目では、状況が十分に認識されていないという問題の解決策として、政府がこの問題について人々を啓発する必要性を述べています。educateには「～を教育する」の他に、「～を啓発する」という意味もあります。educate *A* about *B*「BについてAを啓発する」という表現を覚えておきましょう。

差がつくポイント!

イラスト描写問題のコツ②

1｜吹き出し内のイラストに言及する

吹き出しの中には、登場人物のセリフの他、登場人物が考えていることがイラストとなって描かれているものがあります。考えている内容はさまざまです。登場人物の考えていることを描写するための、いくつかの表現を覚えておくとよいでしょう。
今回の問題では、3コマ目にイラストの吹き出しがあります。そこからは、携帯電話の使い方に困っているケイコを見たケイタが彼女に使い方を教えようと思っている様子が読み取れます。そのことを描写します。「～しようと思っ」はthink of *doing*で表現することができるので、He was thinking of teaching her how to use the new phone.としています。

think of *doing*の他にも、

- want to *do*　「～したいと思う」
- hope that ～　「～であることを望む」
- *be* looking forward to ～　「～を楽しみにしている」
- *be* worried that ～　「～であることを心配に思う」
- look happy to *do*　「～してうれしそうだ」

などの表現を使って、登場人物が考えていることに言及できます。

2｜過去時制を使う

カードに書かれているナレーションの1文目が過去形なので、時制は基本的に過去形を使って描写します。登場人物の進行中の動作を表現するときは、過去進行形を使用します。
クォーテーションマークを使って吹き出しのセリフを直接話法で引用する場合は、セリフをそのままの形で使うことができるので、時制を変える必要はありません。

Day 6

Using Games to Learn Foreign Languages
（ゲームを使った外国語勉強法）

Day6 問題カード

Using Games to Learn Foreign Languages

Nowadays, people like to play online games. Some companies have created games which allow people to learn foreign languages, and some schools have started introducing them in the classroom. Students can play such games with their friends, and in this way, they can experience the pleasure of language learning. These games encourage students to study more.

Your story should begin with this sentence: **One day, Mr. and Mrs. Kato were watching TV at home.**

面接の流れを振り返ろう

左の二次元コードから動画を見ながら、
面接の一連の流れをおさらいしましょう。

1｜パッセージを読む

Please read the passage silently for twenty seconds.
20秒間、パッセージを声に出さずに読んでください。
Now, please read it aloud.
では、声に出してパッセージを読んでください。

パッセージの英文

Using Games to Learn Foreign Languages
Nowadays, people like to play online games. Some companies ...
ゲームを使った外国語勉強法
最近は、人々はオンラインゲームをするのが好きです。いくつかの企業は…

2｜パッセージについて答える

According to the passage, how can students experience the pleasure of language learning?
パッセージによると、生徒はどのようにして語学学習の喜びを体験することができるのですか。

解答例

By playing games which allow people to learn foreign languages with their friends.
友達と外国語を学ぶことのできるゲームで遊ぶことによってです。

3 | イラストについて答える

Now, please look at the picture and describe the situation. You have twenty seconds to prepare. Your story should begin with the sentence on the card.

それでは、絵を見て状況を説明してください。準備するための時間は20秒です。カードにある文で話を始めてください。

解答例

<u>One day, Mr. and Mrs. Kato were watching TV at home.</u> They saw a TV commercial for a language learning game. Mr. Kato said to his wife, "This looks interesting." That weekend, Mr. Kato bought the game. Mrs. Kato was thinking that their son would be interested in using the game to study English. Two months later, Mr. Kato was the one who was into playing the game. Mrs. Kato looked confused.

<u>ある日、カトウ夫妻は家でテレビを見ていました。</u>彼らは語学学習ゲームのテレビコマーシャルを見ました。カトウさんは妻に「これは面白そうだ」と言いました。その週末、カトウさんはそのゲームを買いました。カトウさんの妻は、息子がゲームを使って英語を勉強することに興味を持ってくれるだろうと考えていました。2カ月後、ゲームをすることに熱中していたのはカトウさんでした。カトウさんの妻は困惑しているようでした。

4 | 自分の意見を述べる(1)

Now, Mr./Ms. ——, please turn over the card and put it down.

では、——さん、カードを裏返して置いてください。

Some people say that e-learning is better than face-to-face learning. What do you think about that?

eラーニングは対面式の学習より良いと言う人もいます。あなたはそれについてどう思いますか。

解答例

I agree. E-learning helps me to study at my own pace. Also, I can take online lessons anywhere.

私は賛成です。eラーニングは私が自分自身のペースで勉強するのを助けてくれます。また、どこでもオンライン授業を受けることができます。

5 | 自分の意見を述べる（2）

Today, many people prefer living in cities to the countryside. Do you think that the number of the people living in cities will increase in the future?

今日では、多くの人が地方よりも都会に住むことを好んでいます。都会に住む人の数は将来増えると思いますか。

解答例

Yes. はい。

Why?

なぜですか。

It is more convenient to live in cities than in the countryside. People prefer to live in places with more medical facilities and schools.

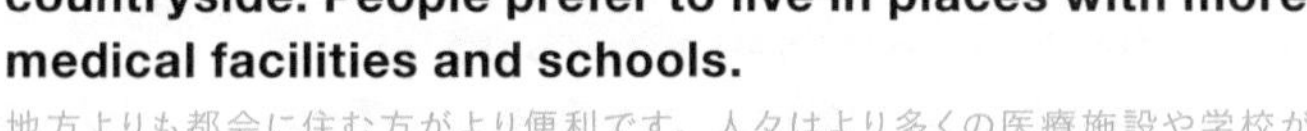

地方よりも都会に住む方がより便利です。人々はより多くの医療施設や学校がある場所に住む方を好んでいます。

解答例

No. いいえ。

Why not?

なぜですか。

It is much cheaper to live in the countryside. Also, many people feel life in the city is stressful and prefer life in the countryside with nature.

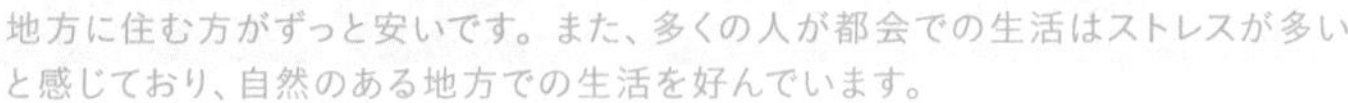

地方に住む方がずっと安いです。また、多くの人が都会での生活はストレスが多いと感じており、自然のある地方での生活を好んでいます。

それぞれの問題を理解しよう

問題ひとつひとつの理解を深めましょう。スピーキングアイコンがついている箇所は、アプリ「my-oto-mo」で発音判定ができます。

1 | パッセージを読む

Please read the passage silently for twenty seconds.
20秒間、パッセージを声に出さずに読んでください。
Now, please read it aloud.
では、声に出してパッセージを読んでください。

Using Games / to Learn Foreign Languages
toの前で少し間を置く

Nowadays, / people like to play online games (↘).
online gamesを強調する

Some companies have created games /
gamesをやや強く

which allow people to learn foreign languages, /
whichの前で軽く区切る

and some schools have started introducing them /
haveは弱めに読む

in the classroom (↘).

Students can play such games / with their friends, /
friendsを強く読む

and in this way, /

they can experience the pleasure of language learning (↘).
pleasureとlanguage learningを強調する

These games encourage students / to study more (↘).
toの前で軽く区切る

訳

ゲームを使った外国語勉強法
最近は、人々はオンラインゲームをするのが好きです。いくつかの企業は、人々が外国語を学ぶことのできるゲームを作っていて、それを教室に導入し始めた学校もあります。生徒は友達とそのようなゲームで遊ぶことができ、このようにして、語学学習の喜びを体験することができます。こうしたゲームは、生徒がもっと勉強するように促します。

□**allow *A* to *do*** — Aが～することを可能にする □**introduce** — ～を導入する
□**pleasure** — 喜び □**encourage *A* to *do*** — Aが～するように促す

外国語学習にゲームを役立てる方法が紹介されているね。

音読のポイント

タイトルはtoの前で少し間を置きます。このパッセージで一番伝えたいことは、2文目に書かれています。gamesを強調して読んで一呼吸置くことが、2文目の音読のコツです。3文目は、friendsとpleasure、language learningを強調して読むようにしましょう。

2 | パッセージについて答える

According to the passage, how can students experience the pleasure of language learning?

パッセージによると、生徒はどのようにして語学学習の喜びを体験することができるのですか。

解答例

By playing games which allow people to learn foreign languages with their friends.

友達と外国語を学ぶことのできるゲームで遊ぶことによってです。

解答のポイント

質問文の内容は、3文目後半のin this wayの後ろに書かれています。in this wayは「このようにして」という意味なので、この表現の前にある3文目前半のStudents can play such games with their friendsという部分を答えましょう。such gamesというのは、2文目のgames which allow people to learn foreign languagesのことを指しています。how ～?「どのようにして～か」と尋ねられているので、By *doing*「～することによってです」という形で答えることがポイントです。

3 | イラストについて答える

Language learning game
This looks interesting.
That weekend
A B C D E F
Language learning game
Two months later
A B C

登場人物の言動や考えていることに注目。最終的にどのような結果になったのかを意識しながら、話の展開を想像しよう。

Now, please look at the picture and describe the situation. You have twenty seconds to prepare. Your story should begin with the sentence on the card.

それでは、絵を見て状況を説明してください。準備するための時間は20秒です。カードにある文で話を始めてください。

解答例

<u>One day, Mr. and Mrs. Kato were watching TV at home.</u> They saw a TV commercial for a language learning game. Mr. Kato said to his wife, "This looks interesting." That weekend, Mr. Kato bought the game. Mrs. Kato was thinking that their son would be interested in using the game to study English. Two months later, Mr. Kato was the one who was into playing the game. Mrs. Kato looked confused.

<u>ある日、カトウ夫妻は家でテレビを見ていました。</u>彼らは語学学習ゲームのテレビコマーシャルを見ました。カトウさんは妻に「これは面白そうだ」と言いました。その週末、カトウさんはそのゲームを買いました。カトウさんの妻は、息子がゲームを使って英語を勉強することに興味を持ってくれるだろうと考えていました。2カ月後、ゲームをすることに熱中していたのはカトウさんでした。カトウさんの妻は困惑しているようでした。

□**commercial**　コマーシャル、広告放送　□**wife**　妻　□**son**　息子
□***be* interested in *doing***　〜することに興味がある
□***be* into *doing***　〜することにはまる、〜することに夢中になる　□**confused**　困惑した

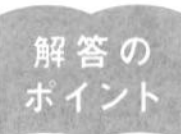

カードに書かれているナレーションから、登場人物は夫妻で、2人が自宅でテレビを見ている場面からストーリーが展開していくことが読み取れます。1コマ目はテレビに書かれている文字にも注目しながら、過去形の文で描写していきます。

1コマ目

1コマ目は、問題カードに記載されている1文目に続けて、テレビ画面にある文字情報を伝えましょう。
その後にカトウさんのセリフを使って3文目を作ります。3文目は、カトウさんのセリフをそのまま引用する直接話法を使うのが簡単です。Mr. Kato said to his wife, "吹き出し内のセリフ." の形にします。

2コマ目

2コマ目は、カードにあるThat weekendに続けてカトウさんの行動を描写した後、吹き出しに描かれているカトウさんの妻が思い描いていることを説明します。
まず、カトウさんがテレビで見たゲームを購入したことを説明します。次に、カトウさんの妻が、そのゲームを使って英語を勉強することに息子が興味を持ってくれるだろうと考えていることを描写します。解答例では、*be* interested in *doing*「〜することに興味がある」という表現を使っています。was thinkingに続くthat節の中の動詞は、時制の一致のため過去形になることに注意しましょう。wouldはwillの過去形です。

3コマ目

3コマ目は、カードにあるTwo months laterに続けて、カトウさんの行動とカトウさんの妻の様子を描写しましょう。
まず、息子のために購入したつもりの学習ゲームを、息子でなくカトウさんが使っていることを説明します。the one who 〜で「〜する人」という意味になります。*be* into *doing*は「〜することにはまる、〜することに夢中になる」という意味です。その後、カトウさんの妻の表情から読み取れる感情にも言及します。looked confusedの他に、looked disappointed「がっかりしているようだった」と説明してもよいでしょう。

4｜自分の意見を述べる（1）

Now, Mr./Ms. ——, please turn over the card and put it down.

では、—— さん、カードを裏返して置いてください。

Some people say that e-learning is better than face-to-face learning. What do you think about that?

eラーニングは対面式の学習より良いと言う人もいます。あなたはそれについてどう思いますか。

賛成の場合

I agree. E-learning helps me to study at my own pace. Also, I can take online lessons anywhere.

私は賛成です。eラーニングは私が自分自身のペースで勉強するのを助けてくれます。また、どこでもオンライン授業を受けることができます。

反対の場合

I disagree. It's expensive to buy the devices for e-learning. Also, students cannot learn without an Internet connection.

私は反対です。eラーニング用の機材を購入することは高くつきます。また、生徒はインターネットに接続できないと学習することができません。

□**face-to-face** — 対面の　□**help *A* to *do*** — Aが～するのに役立つ　□**device** — 機材
□**connection** — 接続

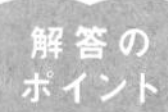

面接官は、「eラーニングは対面式の学習より良いと思うかどうか」を尋ねています。最初にI agree.「私は賛成です」、あるいはI disagree.「私は反対です」と自分の立場を明確にしてから、その理由を2点ほど述べるようにしましょう。
賛成意見の解答例では、時間と場所の制約がないことをeラーニングの利点として挙げています。E-learning helps me to study at my own pace.「eラーニングは私が自分自身のペースで勉強するのを助けてくれます」は、help *A* to *do*「Aが～するのに役立つ」という表現を使ったものです。「オンライン授業を受ける」はtake online lessonsとしましょう。
反対意見の解答例では、初期投資にかかる費用や、インターネット接続がないと学習ができないことをデメリットに挙げています。It's expensive to buy ～の部分は、〈It is＋形容詞＋to *do*〉「～することは…です」という構文を使っています。

5 自分の意見を述べる(2)

Today, many people prefer living in cities to the countryside. Do you think that the number of the people living in cities will increase in the future?

今日では、多くの人が地方よりも都会に住むことを好んでいます。都会に住む人の数は将来増えると思いますか。

Yes.(はい)の場合

Why? なぜですか。

解答例 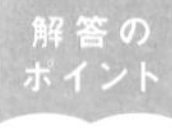

It is more convenient to live in cities than in the countryside. People prefer to live in places with more medical facilities and schools.

地方よりも都会に住む方がより便利です。人々はより多くの医療施設や学校がある場所に住む方を好んでいます。

□**prefer *A* to *B*** — BよりもAを好む □**the countryside** — 地方 □**convenient** — 便利な
□**medical** — 医療の □**facility** — 施設

解答のポイント

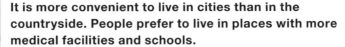

「都会に住む人の数は将来増えると思うかどうか」を尋ねる質問です。まずはYes.またはNo.で自分の立場を明確にしましょう。

「都会に住む人の数は増えると思う」と主張するYes.の解答例では、地方と都会の生活を比較して、都会生活の利便性を強調しています。more convenient to live in cities than in the countrysideは、to live in cities「都会に住むこと」と(to live) in the countryside「地方に(住むこと)」を、便利さの観点から比較したものです。

2文目では、人々が都会生活のどのような点を便利だと感じるのかについて、具体的に説明しています。more medical facilities and schools「より多くの医療施設や学校」の部分で比較級のmoreを使っているのは、前提に地方との比較があり、それよりも数が多いと主張するためです。

No.（いいえ）の場合

Why not? なぜですか。

解答例

It is much cheaper to live in the countryside. Also, many people feel life in the city is stressful and prefer life in the countryside with nature.

地方に住む方がずっと安いです。また、多くの人が都会での生活はストレスが多いと感じており、自然のある地方での生活を好んでいます。

□ **cheap** 安い　□ **stressful** ストレスの多い

解答のポイント

「都会に住む人の数は増えないと思う」と主張するNo.の解答例では、地方暮らしの費用の安さを1つ目の理由に挙げています。much cheaperのmuchは「ずっと、はるかに」という意味を表し、形容詞の比較級の意味合いを強調することができます。
Also「また」という表現に続く2文目では、追加の理由を述べています。「多くの人が都会での生活はストレスが多いと感じている」ことと、「自然のある地方での生活を好んでいる」ことの2点を、andを使って並列しています。life in the city「都会での生活」とlife in the countryside「地方での生活」が対比されていることを押さえておきましょう。

意見問題のコツ①

1｜自分の立場をはっきりさせる

No.3は、問題カードの内容に少し関連のある話題について、受験者の意見を問う問題です。質問の形は

・Some people say that ～.　「～と言う人もいます」
・What do you think about that?　「あなたはそれについてどう思いますか」

という形がほとんどですので、

・I agree.　「賛成です／同意します」
・I disagree.　「反対です／同意しません」

と、最初に自分の立場を明確にすることが大切です。

2｜意見の理由を2文程度で述べる

I agree.またはI disagree.で賛成か反対かの自分の立場を表明したら、次に、その賛成(同意)の理由、反対(不同意)の理由をそれぞれ2文程度で述べましょう。

1. 理由＋理由

自分の表明した意見の理由を2つ述べてもよいでしょう。1つ目の理由を1文目で述べた後、2文目をAlso「また」で始めて、2つ目の理由を付け加えます。Also以外にも、

In addition「加えて」／Furthermore「さらには」／Moreover「そのうえ」／Besides「そのうえ」

などの表現も、2つ目の理由を述べる際に用いると、分かりやすい構成になります。

2. 理由＋具体例

自分の意見の理由を述べた後、その理由を補強するために具体例を挙げるのも効果的です。自分の見聞きした経験をI heard (saw) that ～.と表現したり、仮定の接続詞If「もし～ならば」を使って、具体的な事例を紹介したりすることもできます。

3. 理由＋説明・補足

自分の意見の理由を述べた後、その理由を補強するために説明や補足を付け加えるということもできます。理由の理由を2文目で述べるという形になります。
また、should「～すべきだ」、shouldn't「～すべきでない」という助動詞を使って提案をし、自分の意見を展開するというのも一つの方法です。

Day 7

Online Shopping
（オンラインショッピング）

Day7 問題カード

Online Shopping

Nowadays, many stores have started offering online shopping services to customers who are too busy to come to the shop when it's open. Using these services, customers can shop anytime. People can compare such websites managed by different stores, and in this way, they can find the cheapest option for the same product.

Your story should begin with this sentence: **One day, Mr. and Mrs. Sasaki were looking at shoes in a store.**

面接の流れを振り返ろう

左の二次元コードから動画を見ながら、
面接の一連の流れをおさらいしましょう。

1 | パッセージを読む

Please read the passage silently for twenty seconds.

20秒間、パッセージを声に出さずに読んでください。

Now, please read it aloud.

では、声に出してパッセージを読んでください。

パッセージの英文

Online Shopping
Nowadays, many stores have started offering online shopping services to customers who are too busy to come to the shop when it's open. Using these services, …

オンラインショッピング
最近は、多くのお店が、忙しすぎて営業中にお店に来ることができない客に対してオンラインショッピングサービスを提供し始めています。これらのサービスを使って…

2 | パッセージについて答える

According to the passage, how can people find the cheapest option for the same product?

パッセージによると、人々はどのようにして同じ商品の中でも最も安価な選択をすることができるのですか。

解答例

By comparing online shopping websites managed by different stores.

さまざまな店によって運営されているオンラインショッピングのウェブサイトを比べることによってです。

3 | イラストについて答える

Now, please look at the picture and describe the situation. You have twenty seconds to prepare. Your story should begin with the sentence on the card.

それでは、絵を見て状況を説明してください。準備するための時間は20秒です。カードにある文で話を始めてください。

解答例

One day, Mr. and Mrs. Sasaki were looking at shoes in a store. Mrs. Sasaki said to her husband, "There are no shoes I like." That night at home, Mr. Sasaki was suggesting that Mrs. Sasaki should look for shoes online. Mrs. Sasaki seemed to like his idea. One week later, some shoes were delivered, but they were too small for her. Mr. Sasaki was thinking of exchanging them.

ある日、ササキ夫妻は店で靴を見ていました。ササキさんの妻は夫に「私の好みの靴がないわ」と言いました。その日の夜、家で、ササキさんは妻がオンラインで靴を探すことを提案しました。ササキさんの妻は彼のアイデアを気に入っている様子でした。一週間後、靴が届きましたが、その靴は彼女にとって小さすぎました。ササキさんは、それを交換することを考えていました。

4 | 自分の意見を述べる（1）

Now, Mr./Ms. ——, please turn over the card and put it down.

では、——さん、カードを裏返して置いてください。

Some people say that online shopping is better than in-store shopping. What do you think about that?

オンラインショッピングは店頭での買い物よりも良いと言う人もいます。あなたはそれについてどう思いますか。

解答例

I agree. Online shopping is very convenient. I can find and buy a variety of items online faster and more easily than with in-store shopping.

私は賛成です。オンラインショッピングはとても便利です。オンラインショッピングでは店頭での買い物よりも、より早く、より簡単にさまざまな商品を見つけて購入することができます。

5 | 自分の意見を述べる（2）

Today, more and more people use electronic money instead of cash. Do you think people will still be using cash twenty years from now?

今日では、現金の代わりに電子マネーを使う人がますます増えています。あなたは人々が今から20年後にもまだ現金を使っているだろうと思いますか。

解答例

Yes. はい。

Why?

なぜですか。

I think it's safer to use cash than electronic money. Also, many people are just used to using cash.

私は電子マネーよりも現金を使う方が安全だと思います。また、単に多くの人々は現金を使うことに慣れています。

解答例

No. いいえ。

Why not?

なぜですか。

Electronic money is much more convenient than cash. Also, I think cash can be easily stolen.

電子マネーは現金よりずっと便利です。また、私は現金は簡単に盗まれてしまう可能性があると思います。

それぞれの問題を理解しよう

問題ひとつひとつの理解を深めましょう。スピーキングアイコンがついている箇所は、アプリ「my-oto-mo」で発音判定ができます。

1 パッセージを読む

Please read the passage silently for twenty seconds.
20秒間、パッセージを声に出さずに読んでください。
Now, please read it aloud.
では、声に出してパッセージを読んでください。

Online Shopping
Onlineを少し強めに

Nowadays, / many stores have started offering

online shopping services to customers /
online shopping servicesは少しゆっくり強調して読む

who are too busy to come to the shop / when it's open (↘).
when it'sはつなげて発音する

Using these services, / customers can shop anytime.
anytimeを強調する

People can compare such websites /

managed by different stores, /
different storesをやや強めに読む

and in this way (↗), / they can find the cheapest option /
wayは語尾を上げる

for the same product (↘).

Day1 Day2 Day3 Day4 Day5 Day6 Day7

訳

オンラインショッピング
最近は、多くのお店が、忙しすぎて営業中にお店に来ることができない客に対してオンラインショッピングサービスを提供し始めています。これらのサービスを使って、客はいつでも買い物をすることができます。人々はさまざまな店によって運営されているそのようなウェブサイトを比べることができ、このようにして、彼らは同じ商品の中で最も安価な選択をすることができるのです。

□**shop** 買い物をする　□**compare** ～を比較する　□**manage** ～を運営する

オンラインショッピングサービスを開始するお店が増えていることと、その利点について書かれているね。

音読のポイント

タイトルはOnlineを少し強めに読みます。タイトルに続く1文目が、このパッセージで一番伝えたいこと。online shopping services「オンラインショッピングサービス」はこのパッセージの主題なので、少しゆっくりと丁寧に読みましょう。3文目はin this wayの後ろで一呼吸置いてから続きを読むことがポイントです。

2 パッセージについて答える

According to the passage, how can people find the cheapest option for the same product?

パッセージによると、人々はどのようにして同じ商品の中でも最も安価な選択をすることができるのですか。

解答例

By comparing online shopping websites managed by different stores.

さまざまな店によって運営されているオンラインショッピングのウェブサイトを比べることによってです。

解答のポイント

3文目の後半部分にあたるin this wayの後ろに、質問文の内容が書かれています。in this way「このようにして」という表現は、それ以前の内容を受けたものなので、3文目の前半のPeople can compare such websites managed by different storesの部分に注目。such websitesとは1文目のonline shopping「オンラインショッピング」のウェブサイトのことなので、online shopping websitesと言い換えましょう。how ～ ?「どのようにして～か」と聞かれているので、By *doing*「～することによってです」と答えることもポイントです。

3 | イラストについて答える

There are no shoes I like.

That night at home

One week later

夫婦のような2人が靴を探しているね。どのような問題が起きているのか、そして最終的に3コマ目で男性は何を思っているのかを考えよう。

Now, please look at the picture and describe the situation. You have twenty seconds to prepare. Your story should begin with the sentence on the card.

それでは、絵を見て状況を説明してください。準備するための時間は20秒です。カードにある文で話を始めてください。

解答例 

One day, Mr. and Mrs. Sasaki were looking at shoes in a store. Mrs. Sasaki said to her husband, "There are no shoes I like." That night at home, Mr. Sasaki was suggesting that Mrs. Sasaki should look for shoes online. Mrs. Sasaki seemed to like his idea. One week later, some shoes were delivered, but they were too small for her. Mr. Sasaki was thinking of exchanging them.

ある日、ササキ夫妻は店で靴を見ていました。ササキさんの妻は夫に「私の好みの靴がないわ」と言いました。その日の夜、家で、ササキさんは妻がオンラインで靴を探すことを提案しました。ササキさんの妻は彼のアイデアを気に入っている様子でした。一週間後、靴が届きましたが、その靴は彼女にとって小さすぎました。ササキさんは、それを交換することを考えていました。

□**husband** 夫 □**suggest that ～** ～ということを提案する □**look for ～** ～を探す
□**seem to *do*** ～するように思われる □**deliver** ～を届ける
□**exchange** ～を交換する

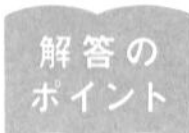

カードに書かれている1文目から、夫妻がお店で靴を見ている場面から話がスタートしていることを読み取りましょう。1コマ目の妻のセリフを受けて、2コマ目以降のストーリーが展開していきます。動詞の時制は過去形を使うことがポイントです。

1コマ目

1コマ目は、問題カードに記載されている1文目に続けて、ササキさんの妻のセリフを使って2文目を作りましょう。
ササキさんの妻のセリフをそのまま引用する直接話法を使うのが簡単です。Mrs. Sasaki said to her husband, "吹き出し内のセリフ." の形にします。

2コマ目

2コマ目は、カードにあるThat night at homeに続けて、登場人物2人の動作や様子を描写しましょう。
1コマ目の「好みの靴がない」というササキさんの妻のセリフを考えると、ササキさんはパソコンで妻にウェブサイトを見せながら、オンラインでの靴の購入を提案していると分かります。また、ササキさんの妻の表情から、彼女がその考えに同意していることも読み取れます。そのことを解答例ではMrs. Sasaki seemed to like his idea.と表現していますが、動詞agree to ～「～に同意する」を使って描写してもよいでしょう。

3コマ目

3コマ目は、カードにあるOne week laterに続けて、ササキさんの妻の状態と吹き出しに描かれているササキさんの考えを描写します。
まず、オンラインで購入して配達された靴がササキさんの妻の足に合わないことを説明する必要があります。解答例の他に、Mrs. Sasaki could not fit into the shoes which she had bought online.「ササキさんの妻はオンラインで購入した靴が入らなかった」としてもよいでしょう。この様子を見て、ササキさんは靴を交換してもらおうと考えていることが読み取れます。「～を交換する」はexchangeという単語で表すことができます。

4 | 自分の意見を述べる（1）

Now, Mr./Ms. ——, please turn over the card and put it down.

では、——さん、カードを裏返して置いてください。

Some people say that online shopping is better than in-store shopping. What do you think about that?

オンラインショッピングは店頭での買い物よりも良いと言う人もいます。あなたはそれについてどう思いますか。

賛成の場合

解答例

I agree. Online shopping is very convenient. I can find and buy a variety of items online faster and more easily than with in-store shopping.

私は賛成です。オンラインショッピングはとても便利です。オンラインショッピングでは店頭での買い物よりも、より早く、より簡単にさまざまな商品を見つけて購入することができます。

反対の場合

解答例

I disagree. The delivery of items is often delayed. Also, the quality of products is not always good.

私は反対です。商品の配送はしばしば遅れます。また、商品の質は必ずしも良いとは限りません。

□**in-store** 店内の □**convenient** 便利な □**a variety of ～** さまざまな～
□**delivery** 配達 □**delayed** 遅れた □**product** 商品

解答のポイント

面接官は、「オンラインショッピングは店頭での買い物よりも良い」という意見についてどう思うかを尋ねています。最初にI agree.「私は賛成です」やI disagree.「私は反対です」と自分の立場を明確に述べてから、その理由をいくつか続けるようにしましょう。
賛成意見の解答例では、オンラインショッピングの便利さに言及しています。オンラインショッピングと店頭での買い物を、「早さ」と「手軽さ」の2点から比較しています。副詞のfast「早く」とeasily「簡単に」の比較級を使っているところがポイントです。
反対意見の解答例では、Also「また」という表現を使い、「商品の発送の遅れ」と「商品の質」の2点をオンラインショッピングのデメリットとして挙げています。not alwaysは部分否定の表現で、「必ずしも～というわけではない」という意味を表します。

5 自分の意見を述べる（2）

Today, more and more people use electronic money instead of cash. Do you think people will still be using cash twenty years from now?

今日では、現金の代わりに電子マネーを使う人がますます増えています。あなたは人々が今から20年後にもまだ現金を使っているだろうと思いますか。

Yes.（はい）の場合

Why? なぜですか。

解答例 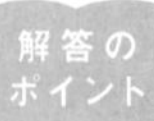

I think it's safer to use cash than electronic money. Also, many people are just used to using cash.

私は電子マネーよりも現金を使う方が安全だと思います。また、単に多くの人々は現金を使うことに慣れています。

□**electronic** — 電子の　□**cash** — 現金　□**safe** — 安全な
□***be* used to *doing*** — ～することに慣れている

解答のポイント

「人々が今から20年後にもまだ現金を使っていると思うかどうか」を尋ねる質問です。最初にYes.またはNo.で自分の立場を明確にしましょう。

「20年後にも現金を使っていると思う」と主張するYes.の解答例では、〈It is＋形容詞＋to *do*〉「～することは…だ」の構文を使って、現金の安全性の高さを理由に挙げています。saferは形容詞safe「安全な」の比較級です。
その後、Also「また」という表現を使って、現金を使用することへの慣れを2つ目の理由として述べています。*be* used to *doing*は「～することに慣れている」という重要表現。このtoは前置詞なので、後ろに続く動詞は動名詞になることに注意しましょう。

No.(いいえ)の場合

Why not? なぜですか。

解答例 

Electronic money is much more convenient than cash. Also, I think cash can be easily stolen.

電子マネーは現金よりずっと便利です。また、私は現金は簡単に盗まれてしまう可能性があると思います。

□**convenient** 便利な　□**steal** ～を盗む

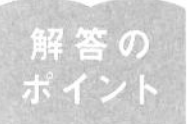

「20年後には現金を使っていないと思う」と主張するNo.の解答例では、現金と比較して電子マネーの方がはるかに利便性が高いことを理由に述べています。much more convenientの部分は、more convenientという形容詞の比較級を、much「ずっと、はるかに」が強調しているものです。

2文目では、現金は盗難に遭う可能性があることを指摘しています。つまり、電子マネーであれば盗難の被害に遭う可能性はないということを、現金ではなく電子マネーを使うメリットとして主張しています。なお、stolenはsteal「～を盗む」の過去分詞です。

差がつくポイント！

意見問題のコツ②

1 | 世間一般のことに興味を持っておく

No.4では、問題カードの内容に関連のない話題について意見を聞かれます。No.3と同様、話題は生活などに関する一般的なものだけでなく、社会性のある問題も含まれますので、日頃から自分の意見をはっきりと持ち、そのことを英語で表現できるよう訓練しておくとよいでしょう。さまざまなテーマで短い文を作り、それを声に出して読む習慣をつけておくと力がつきます。

2 | 自分の立場をはっきりさせる

まず、No.4の質問ですが、These days [Today], 〜.と最近の事柄について説明する導入文が述べられた後、Do you think 〜?「あなたは〜と思いますか」と質問されます。この質問にYes.／No.で、自分の意見を表明することから解答を始めましょう。
それに対して、面接官から、Why?またはWhy not?と再度質問されますので、その理由を2文程度で説明します。理由の構成の仕方はDay 6の差がつくポイント！(p. 086)を参照しましょう。

今回の問題は、Today, more and more people use electronic money instead of cash. Do you think people will still be using cash twenty years from now?と、「現金の代わりに電子マネーを利用する人が増えているが、人々は20年後も現金を使っているか」という質問です。Do you think 〜?と聞かれているので、答えるときは最初にYes.またはNo.で自分の意見を明確にします。
例えば、「使用している」と主張するYes.の解答例では、
I think it's safer to use cash than electronic money. Also, many people are just used to using cash.
と、電子マネーよりも現金が安全であるという理由を述べてから、Also「また」を使用し、多くの人が単に現金を使うことに慣れているという、2つ目の理由を挙げています。
このように理由を2つ並べてもよいですし、理由を1つ述べた後、具体例や補足説明を付け加えてもよいでしょう。

7日間完成!

英検®2級 二次試験・面接対策
予想問題集

デザイン　小口翔平＋阿部早紀子＋嵩あかり（tobufune）
イラスト　加納徳博（キャラクターイラスト）、日江井香（問題イラスト）、
三木もとこ（面接場面イラスト）
執筆・編集協力　株式会社メディアビーコン
英文校閲　Katheryn A. Craft、Billie S
校正　挙市玲子、日本アイアール株式会社、
エデュ・プラニング合同会社
動画撮影　斉藤秀明
動画編集　藤原奏人
動画出演　株式会社TOKYO GLOBAL GATEWAY
音声収録・編集　一般財団法人英語教育協議会（ELEC）
DTP　株式会社四国写研
印刷所　株式会社リーブルテック
編集　田中宏樹
販売　小林慎太郎

②